MATADERO DE REPUTACIONES

Julio Valdeón

Matadero de reputaciones

Las cancelaciones y sus víctimas

Epílogo de
José María Albert de Paco

la esfera ⊕ de los libros

Primera edición: junio de 2024

© Julio Valdeón Blanco, 2024
© Del epílogo: José María Albert de Paco, 2024
© La Esfera de los Libros, S. L., 2024
Avenida de San Luis, 25
28033 Madrid
Tel. 91 443 50 00
www.esferalibros.com

ISBN: 978-84-1384-842-6
Depósito legal: M. 10.281-2024
Fotocomposición: Creative XML, S.L.U.
Impresión y encuadernación: Huertas
Impreso en España-*Printed in Spain*

Índice

A mi prima María Isabel, por tanto.

A Mónica, porque ahora también llevamos rumbo norte.

Y a Fernando, Darío y Pepe, amigos.

«A los sucios. A las esfinges. A los fantasmas. A los ángeles».

CÉSAR GONZÁLEZ-RUANO

Una aproximación a la caza de brujas

El mundo de los últimos años es un matadero de reputaciones. La persecución creció gracias al poder pandémico de las redes sociales. La infección no comenzó en Estados Unidos, como suele creerse. Las cacerías arrancaron en China. Lo explicó en 2019 Ligaya Mishan en un reportaje para el *New York Times*. El origen del fenómeno puede rastrearse a principios de los 2000, con el llamado *renrou sousuo*, traducido literalmente como «búsqueda de carne humana». «Se enviaría una solicitud», prosigue Mishan, «para *wangmin* (usuarios de internet), o para los más íntimos *wangyou* (amigos de la web, usuarios de internet que comparten una pasión o causa común), para unirse a una especie de agencia de detectives *ad hoc* a fin de encontrar información sobre objetos y figuras de interés. Era solo una salida para el *fandom*. Pronto la atención se centró en los supuestos malhechores, en aquellos que, se pensaba, tienen deficiencias morales».

De objetos de adoración a sujetos de reproche. Del aplauso a la exposición y el escarnio público. Hasta aniquilar al individuo. Contaba Mishan que el fenómeno parecía imposible de replicar en las sociedades occidentales. Nuestro carburante democrático, las fortalezas del Estado de derecho y la primacía del individuo como sujeto de derechos frente a la superioridad de lo colectivo en Oriente convertían la hipótesis del contagio en pura fantasía distópica. No, dijeron, nosotros nunca destruiremos a nadie mediante jaurías organizadas. Tampoco serán santificadas por los poderes públicos.

Ingenuos: en apenas un lustro, Occidente, con Estados Unidos como locomotora, había asumido las peores tesis. En su doble condición de vivero del puritanismo y exportador de tendencias, no hubo país más afectado por el virus de la mordaza. Conozco el asunto. Viví allí, en Nueva York, entre 2005 y 2021. Asistí al descorche emocional de toda una ciudad en Harlem, en 2008, cuando Barack Obama ganó ante John McCain, y a la segunda victoria, más atemperada, menos entusiasta, frente al mormón Mitt Romney. En los años siguientes contemplé en directo (y también escribí sobre) el descarrilamiento cognitivo, estético y moral de la izquierda, mientras la derecha mutaba en una bestia bifronte, entre el creacionismo y el caudillismo. La polarización alcanzó cotas fascinantes. La nación se vio dividida entre amigos y enemigos. A un lado pedían la cabeza de científicos, escritores y cineastas para lavar mejor no sé qué pecados colectivos, originales, estructurales, mientras que desde la trinchera de la derecha, igual de cafres, desencadenaron una cruzada contra los derechos LGTBI, criminalizaron a los inmigrantes y, animados por el propio Donald Trump, nacionalista y populista en jefe, negaron la legitimidad de los resultados electorales y alentaron el asalto del Capitolio.

Trump había inoculado una erosión brutal en el sistema. Al igual que hicieron sus archienemigos, también él abrazó el credo posmoderno que antepone las emociones a los hechos. De paso, atacó a la prensa con modales de autócrata. Nunca condenó la existencia y las actividades de los grupos paramilitares. Despreció de forma sistemática el proceder de los científicos durante la epidemia del covid-19. Salía a gansada diaria, como cuando explicó que la supervivencia del enfermo dependía del «ánimo», de las «ganas de luchar»... y de tomar el sol e inyectarse lejía. No contento, fustigó al FBI, al Ejército y al poder judicial.

Frente a su cabalgada, que hizo de George W. Bush un sobrio conservador próximo a Dwight Eisenhower (lean la carta que le envió Laura Bush cuando Trump ordenó separar de sus padres a los niños sin papeles apresados en la frontera), los activistas de izquierdas no propusieron un contraataque liberal. Nada de defender las instituciones democráticas o los principios que las sustentan, como pidieron Steven Pinker o Jonathan Haidt. Antes al contrario, las izquierdas gringas aceleraron en pos de una revolución infantilizadora. También es cierto que traían los deberes hechos y bien hechos. Llevaban años empeñadas en despreciar las conquistas de los sistemas representativos. La defensa de los más débiles ahora consistía en poner en cuestión los principales anclajes demoliberales.

Habían tratado la presunción de inocencia de estorbo y el derecho al honor, de privilegio. Era cuestión de tiempo que considerasen el sistema no un engranaje susceptible de mejora, sino una rémora abocada a la piqueta. La influencia de estos puntos de vista fue tal que salpicó a la izquierda de todo el mundo. Hasta el punto de que una que fue ministra, Irene Montero, escribió en enero de 2024 este sensacional tuit: «Pido al Gobierno que no dé pasos atrás en la lucha contra las violencias machistas. Decir, ante un caso de violencia sexual, que se valorará cuando haya sentencia es hacer depender la credibilidad de la víctima del resultado del proceso judicial».

La palabrería de la izquierda reaccionaria enlazaba con la explosión del concepto de autorrealización, el énfasis en la emotividad y la percepción personal —guía cognitiva tan intransferible como irrebatible— y con la entronización de la vivencia, de lo biográfico, sobre lo fáctico y, desde luego, sobre cualquier posibilidad de reconocimiento mutuo. En su mundo de seres aislados, cosidos a unos rasgos identitarios estancos, no había forma de comprender el sufrimiento ajeno y las pretensiones universalistas se hicieron inviables. El predominio del subjetivismo sobre la objetividad había llegado para comerse todo (y a todos).

La izquierda estadounidense, desde los primeros años noventa, había canjeado el catálogo de viejas pretensiones —de la igualdad a la redistribución y de la libertad de expresión y artística a la salvaguarda social de los débiles— por la defensa de la autoestima y, sobre todo, del grupo marginado, que a partir de entonces pasaría a ser objeto de un régimen especial. Los grupos eran hijos de las experiencias acumuladas por sus miembros, y estas pasaban a ser, por decreto, infranqueables al extraño. La identidad sería por tanto opaca, y definitiva en cuanto que inmutable. Al Estado no le quedaba más remedio que legislar en función de los carnets grupales. Uno podría aducir que una millonaria afincada en Marbella tiene más en común con un abogado millonario de Manhattan que con la señora que barre su piso, pero eso suponía obviar la condición previa del sexo y el género, que estarían por encima de cualquier consideración relativa al nivel de renta.

Frente a la visión global de líderes como Martin Luther King, centrado en conseguir que los ciudadanos negros fueran tratados exactamente igual que el resto de sus conciudadanos, triunfaron unos postulados no muy lejos de los de la Nación del Islam y los Panteras Negras, convencidos de que los negros no podían ni debían mezclarse con los blancos, víctimas y victimarios sin más negocio común que el descuartizamiento mutuo. El curso de la historia y las experiencias personales de todos ellos los hacían incompatibles. Mismos derechos, pero cada uno por su lado.

La suya era una visión también similar a la de las feministas radicales de finales de los setenta, que concebían la sociedad como un inmenso campo de concentración de mujeres y las relaciones con los hombres, como una guerra de trincheras, ordenada por unas relaciones de poder desiguales. Para solucionar la injusticia, los postulados del feminismo liberal no eran suficientes. Había que considerar, primero, a la mujer como una nueva clase, hermanada por su cromosoma y por su condición social. Al mismo tiempo era necesario demoler de raíz el sistema, al que Catharine MacKinnon, Andrea Dworkin y otras teóricas de aquel feminismo tacharon de heteropatriarcado.

El problema no era tanto poner el foco en determinados colectivos como entronizar lo identitario hasta convertirlo en fetiche. Había que sacar de la ecuación cualquier otra consideración y despreciar por completo la situación concreta del sujeto, despojado de individualidad.

«La fijación por la diversidad en nuestras escuelas y en la prensa», escribió Mark Lilla en el *New York Times* al poco de la derrota de Hillary Clinton a manos de Trump, «ha producido una generación de liberales y progresistas narcisistamente inconscientes de las condiciones fuera de sus grupos autodefinidos e indiferentes a la tarea de llegar a los estadounidenses en todos los ámbitos de la vida. Desde muy pequeños se anima a nuestros hijos a hablar sobre sus identidades individuales, incluso antes de tenerlas. Cuando llegan a la universidad, muchos asumen que el discurso sobre la diversidad agota el discurso político y sorprendentemente tienen poco que decir sobre cuestiones tan perennes como las clases, la guerra, la economía y el bien común».

Lilla, un intelectual netamente socialdemócrata, apostaba por la recuperación de una clase política y sobre todo de una izquierda capaz de dirigirse a la nación como un todo. Le parecía crucial que los planes de estudios volvieran a comprometerse con la formación de unos ciudadanos conscientes de los grandes problemas de la nación y conocedores de la historia, recuperando, de paso, el énfasis en las obligaciones y no solo en los derechos; empezando por el deber de enterarse de lo que ocurre; también por el de votar. Una prensa liberal posidentitaria, por su parte, debería comenzar a «informarse sobre los lugares del país que han sido ignorados y sobre lo que allí importa, especialmente la religión. Y se tomaría en serio su responsabilidad de educar a los estadounidenses sobre las principales fuerzas que configuran la política mundial, especialmente su dimensión histórica».

Para los enamorados del identitarismo, inevitablemente cercanos a las tesis multiculturales, Lilla tenía una última advertencia: «Los progresistas deberían tener en cuenta que el primer movimiento identitario en la política estadounidense fue el Ku Klux Klan, que todavía existe. Quienes juegan el juego de la identidad deberían estar preparados para perderlo». Por supuesto, nadie le hizo el menor caso.

Al rebufo de la histeria, subieron las cotizaciones de las cabelleras cobradas. Los activistas, los curas, los coleccionistas de monstruos, los benefactores a deshora y los narcisistas a tiempo completo salieron de caza. La pusilanimidad sepultó cualquier atisbo de rebeldía. Moverse en la foto, plantear las más insignificantes discrepancias o susurrar que no es eso, no es eso fue interpretado como un ejercicio de quintacolumnismo. A los quintacolumnistas se les castigaba con la muerte civil y el exilio profesional.

Lo que parecía una bienaventurada revolución en defensa de las víctimas pronto olió a napalm. A victoria sobre el Estado liberal. A venganza contra sus delicados equilibrios. La tormenta perfecta, que recibe su empujón gracias a las redes sociales y las monterías neomaoístas incubadas en Oriente, prende pronto y fuerte gracias a la labor de zapa desarrollada durante años por los adalides del posestructuralismo y los hechizados del multiculturalismo, el tribalismo, el misticismo, el oscurantismo y el romanticismo, deconstruidos todos en un cóctel letal de cancanes identitarios.

Basuras intelectuales, chatarra, cocinadas por «humanistas con poco o ningún conocimiento en endocrinología, genética, antropología y psicología social», por decirlo con Camille Paglia.

La peste floreció en unas universidades tomadas por la cháchara lacaniana y los espejismos foucaltianos. Como escribí en algún otro sitio, aquellas ideologías, que incluían lo que luego llamamos feminismo de género, y que posteriormente desembocaron en las pavadas *queer* de embaucadoras tipo Judith Butler, «estaban en guerra con la biología, la neurociencia, la psicología evolutiva, las aportaciones de la genética y, en general, con todo lo que no sea la cacharrería dialéctica homologada en los mejores supermercados posmodernos».

Para contraatacar, necesitábamos el concurso de los académicos, digamos, respetables. Filósofos de la ciencia, humanistas, físicos, historiadores, etc., enfrascados en sus quehaceres. De vez en cuando levantaban la cabeza. Emitían un sordo gruñido ante las gansadas de sus nuevos colegas. Vivían convencidos de que la fiebre remitiría pronto. Igual que a ellos mismos se les había pasado, tiempo atrás, su adanismo sesentayochista. En lugar de discutir las falacias anticientíficas, los conjuros identitarios, los mantras *magufos*, siguieron a lo suyo. Hasta que un buen día, al despertar, encontraron unos departamentos irreconocibles y unos campus tomados por el enemigo. Los nuevos fanáticos ya no se conformaban con publicar en revistas de medio pelo y predicar para otros descerebrados. Estaban a cargo de los equipos rectores, impartían condenas y extendían bulas, amenazaban con ahogar la libertad de cátedra y disponían de las llaves de la caja fuerte.

De los espacios seguros se pasó a las peticiones para despedir profesores, los comités de disciplina interna y las policías patrióticas, las comisiones de investigación por presuntas desviaciones del credo y los cursos obligatorios para formarse en la fe. Aquellos muchachos y sus alegres profesores promovieron la convicción de que, dado que el sexismo y el machismo resultaban intrínsecamente estructurales a los Estados Unidos, no quedaría más remedio que desmontar el país pieza a pieza. Empezando por las instituciones. Siguiendo por las escuelas. Desembocando en la Policía y rematando en unos periódicos y unas televisiones donde la libertad de expresión fue puesta en busca y captura.

Lo que arranca en los departamentos universitarios, y que por momentos pudo tomarse como una desviación posmodernista del programa de la izquierda, sin recorrido más allá de cuatro memos, había terminado, primero, por devorar a la izquierda y, después, por dispersarse e infectar los consejos de administración de las empresas, las redacciones de los *mass media*, los discursos de los políticos y sus respectivos programas.

El virus *woke* creció incontenible allí donde antes había regido la indagación científica, la búsqueda de la verdad, la libertad de expresión y el debate intelectual sin ataduras. Abundaban los ataques contra la investigación en territorios que los activistas juzgan sensibles, las zonas de confort donde los estudiantes pudieran sentirse libres de confrontar sus ideas, los boicots a los conferenciantes críticos con lo estipulado por los guardianes de la ortodoxia, y los despidos de todos los profesores molestos por cuestiones de índole doctrinal e ideológica. Bienvenidos a la guerra total contra la realidad y, de paso, contra todo lo que no hubiera sido santificado por los popes posmodernos.

A nadie le extrañó que Richard Dawkins, etólogo, biólogo evolutivo, profesor emérito jubilado del New College, Oxford, y uno de los divulgadores científicos más laureados del mundo fuera recibido con los honores debidos a un miembro del KKK. Todo porque osó defender a los dibujantes de Charlie Hebdo y a escritores como Salman Rushdie de los ataques y atentados de los fundamentalistas religiosos.

La escritora y activista somalí Ayaan Hirsi Ali vio cómo la Universidad de Brandeis le arrebataba los honores que previamente le había concedido. ¿Su pecado? Molestar a los estudiantes que ven con malos ojos que una víctima de ablación, prófuga de su país para evitar una boda forzosa y amenazada de muerte hubiera defendido la renovación del islam para que aceptase la modernidad. Las objeciones ideológicas fueron tachadas de ofensas personales. Pronto dejaron de tasar los argumentos del adversario. Sobraba con machacar *ad hominem*.

Por decirlo con Félix Ovejero, profesor de Filosofía Política y Metodología de las Ciencias Sociales en la Universidad Autónoma de Barcelona, y autor de los análisis más lúcidos dedicados a la creciente infantilización y/o involución de una izquierda por momentos irreconocible, «las mejores causas se degradan cuando se defienden con prejuicios y prohibiciones. Cuando la izquierda se lanza por ese camino, abandona la aspiración a que el debate democrático, deliberativo, regido por principios de imparcialidad, compartidos, que atienden a los intereses y las razones de todos, cristalice en leyes que son la condición de la libertad».

Era cuestión de tiempo que las feministas de género y los profetas de la teoría o entrenamiento crítico de la raza, CRT (iniciales de Critical Race Training), avanzadilla bifronte de la reacción disfrazada de bellísimos ideales y humanísimas preocupaciones por el prójimo, emitieran sus señales más allá de las facultades, nutriendo tanto el Black Lives Matter, movimiento de protesta surgido a raíz de la muerte de varios afroamericanos a manos de la Policía, como el Me Too, desencadenado a raíz de las denuncias por el comportamiento delincuencial del productor Harvey Weinstein.

En ambos casos existían razones históricas, y no solo históricas, para cabrearse y protestar. Pero aunque la historia esté lejos de avanzar con virtuosa eficacia, o tan solo de avanzar, los Estados Unidos de Barack Obama, o de Bush Jr., eran un país infinitamente menos segregado, hostil, misógino o injusto de lo que había sido apenas cincuenta años antes.

Lo dijo en 2017 el propio Obama, a la sazón el primer presidente negro en la historia del país, invitado a dar la conferencia Gatekeepers, organizada por la fundación que capitanean Bill y Melinda Gates: «Si tuvieras que elegir un momento de la historia en el que nacer, y no supieras de antemano si vas a ser hombre o mujer, de qué país vas a ser, cuál será tu estatus, elegirías nacer ahora mismo». Esto es así porque el mundo «es más saludable, más rico, mejor educado y, en muchos sentidos, más tolerante, y menos violento» de lo que pudo serlo en cualquier otro momento de la historia.

Las aseveraciones de Obama estaban lejos de responder a intuiciones más o menos ingenuas. Un repaso a cualquiera de los indicadores usados para medir el progreso demostraba que el hambre había disminuido en el mundo hasta alcanzar niveles nunca vistos, igual que los homicidios, la mortalidad infantil, la violencia sexual o la guerra. Los cambios en Estados Unidos también fueron profundos, con mejoras espectaculares en lo tocante a la cuestión racial o al machismo. La desigualdad económica, la brecha de ingresos, en cambio, había crecido de forma exponencial. Pero la gran división no estaba marcada por el sexo o la raza y sí, mucho más, por la clase social, con una élite de superricos que empujaba rumbo a una nueva Gilded Age. Aunque a los activistas nada de esto parecía interesarles.

Acusar a Obama o a Bill Gates de panglosianos, de sostener que el progreso es algo inevitable, o de que vivimos en el mejor de los mundos posibles, solo por limitarse a constatar unas estadísticas al alcance de cualquier bípedo con curiosidad y deseo de informarse, eran ganas de confundir y confundirse. En lo tocante al racismo los números cantaban ópera. No solo porque una nieta de esclavos y un hijo de africano alcanzaron el Despacho Oval, sino porque, lejos de constituir una excepción que servía para maquillar un *statu quo* segregador (como sostienen Ta-Nehisi Coates y otros), fue consecuencia de un progreso que condujo a un país infinitamente mejor, más civilizado, y que en buena medida honraba muchas de las reivindicaciones del movimiento por los derechos civiles que capitaneó el reverendo King.

Claro que el racismo no había desaparecido; tampoco la maldad, el acoso o la envidia. O el cáncer. O la muerte. El mundo fue y será una porquería, che, pero la mierda ya no encontraba su sitio en las leyes. Fue barrida por la ola civilizatoria de los últimos cien años. Ni siquiera gozaba de la aceptación popular que conoció apenas medio siglo antes: en 1963 el gobernador de Alabama, George Wallace, ganó las elecciones de su estado con un lema inequívoco: «Segregación ayer, segregación hoy, segregación siempre». Para que entrara en razón, fue necesario que John Fitzgerald Kennedy le repitiera la máxima acuñada por John Adams, uno de los padres de la Constitución de Estados Unidos: un gobierno de leyes, no de hombres.

A mil millones de kilómetros morales de Wallace, en los años de Obama, Trump y Biden, el racismo era ya motivo consolidado de oprobio; la segregación fue desterrada a los sótanos de la historia. Nadie que no fuera un payaso concurriría a las elecciones con un programa semejante al de Wallace. Que los racistas callen su racismo, o que los xenófobos lleven su vicio en privado, por mucho que el trumpismo tenga mucho de reacción xenófoba a la modernidad, no es tanto consecuencia de la hipocresía o el fariseísmo, que también, como fruto inevitable del triunfo de un paisaje moral, político y legal infinitamente más saneado.

Ciertamente, los ingresos medios de las familias blancas siguen siendo muy superiores a los de las familias negras, mientras la población afroamericana en las cárceles no deja de crecer, alimentada por las desigualdades económicas y por la llamada guerra contra la droga, que castigó con especial saña los núcleos de población más desfavorecidos: la gran migración americana del último siglo fue de los barrios más pobres de las grandes ciudades al patio de las prisiones. Huelga decir que la población carcelaria mayor era la de los afroamericanos. Pero allí donde King propuso un activismo liberal, que apostaba por la transformación de las estructuras económicas y la intervención estatal al tiempo que peleaba por dejar de lado la visión racial, los herederos del Malcolm X más visceral, de la Nación del Islam y del Poder Negro, más pesimistas, y esencialmente reaccionarios, concluyeron que no quedaba otra que separar por nichos: a la justicia y la igualdad por la segregación; al mundo feliz por el naconalismo, la etnia y las castas.

Prohibido recordar o celebrar los sucesivos avances derivados de la Decimonovena Enmienda de la Constitución, que garantizó el derecho a voto de las mujeres (1920); la Ley de Ciudadanía de los Indios, que otorgó el derecho a la ciudadanía y al sufragio a los nativos americanos (1924); la sentencia del Tribunal Supremo que declaró inconstitucional prohibir que los ciudadanos negros votaran en las elecciones primarias (1944); la Orden Ejecutiva que declaró la igualdad de trato y de oportunidades en las Fuerzas Armadas (1948); la sentencia del Tribunal Supremo que hizo inconstitucional la segregación racial del sistema de educación pública en Kansas (1954); la sentencia del Supremo que declaró ilegal la segregación en los autobuses, restaurantes, escuelas y otros lugares públicos (1958); la Ley de Derechos Civiles que concedió al Gobierno federal la capacidad de luchar contra la segregación (1964); la Ley del Derecho al Voto, que declaró ilegales todas las leyes que coartaran el derecho al voto de los afroamericanos (1965, ampliada en 1975 a otros grupos, como los hispanos y los asiáticos, con especial atención a los inmigrantes que hablaban mal el inglés); la Orden Ejecutiva que se refirió por vez primera a la «discriminación positiva» en favor de las minorías históricamente marginadas; la declaración de inconstitucionalidad por parte del Supremo de la ley que prohibía los matrimonios interraciales (1967); la Ley de Derechos Civiles que vetó la discriminación en la venta, alquiler y concesión de hipotecas de viviendas (1968)...

Bueno, bien, y qué.

Primaba la respuesta en diferido. Confrontados con una realidad que arruinaba sus fantasías, los santones del viejo/nuevo orden proclamaron que Obama estaba loco. Vendido al mal y al capital, pleonasmo. Si lo sabrían ellos, que vivían de hacer caja con la desgracia: el *armagedón* vendía, garantizando a los más listos una provechosa carrera. Su procedimiento era similar al empleado por los líderes sectarios. Forrados a base de pronosticar el final de los tiempos. Siempre que el final nunca llegue. De lo contrario, a ver cómo cobramos.

La impaciencia ganó la partida, la frustración eclipsó los avances sociales y la fe en la mejor naturaleza que llevamos dentro. Los postulados de King fueron tachados de conformistas. El radicalismo de sus oponentes, condicionado por un idealismo de naturaleza seudorreligiosa, ganaba la partida, alimentada por los nuevos catecismos. Libros de culto, consagrados al culturismo del alma, vigorexia moral. Pocos más eficaces en su tarea de apostolado que *White Fragility*, de Robin DiAngelo, un manual de 2018 aupado a los primeros puestos de las listas de ventas. DiAngelo era profesor de magisterio. Multimillonario gracias a su pico de oro y su fina capacidad para señalar a sus vecinos. Durante años su principal industria fueron los cursillos. Hasta que decidió ponerlos por escrito en un breviario teletienda. Más que *coaching* lo suyo fue puro BDSM. Con un entusiasmo refractario a la duda, ayudaba a detectar el racismo inherente. El racismo que llevamos dentro. El racismo con el que nacimos. Un racismo inevitable, que DiAngelo engordó hasta límites delirantes. Y que solo encontraba en los blancos, bendito sea. Como si los negros, amarillos, rojos, verdes u azules fueran menos humanos que sus convecinos. Como si el racismo fuera algo inencontrable en cualquier sociedad o periodo histórico ajeno a lo que llamamos Occidente.

Para DiAngelo la sociedad, la nuestra, era, es, será racista, y los ciudadanos (blancos, se sobreentiende) también. Nada servía, excepto la soflama. DiAngelo creía en la naturaleza atemporal e inmutable, mineral y sistémica del racismo. No había salida. Hasta el punto de que rebelarse también era racista: la «fragilidad blanca» no es más que la imposibilidad no ya de superar, sino al menos de atemperar o domesticar el racismo. DiAngelo situaba al lector ante un examen interior. Dizque autocrítico. Con el objetivo de identificar los teóricos sesgos racistas. Con todo, la melancolía estaba garantizada: el racista (blanco, *yes*) morirá blanco (y racista, amor) por más que intente lo contrario. Los privilegios son tan acusados, el peso de la historia tan inexorable, que no hay prejuicio racista que no oculte otro prejuicio racista. Del racismo solo sales ahora y en la hora de nuestra muerte, amén. La vida (blanca, varona) es una sucesión de muñecas rusas (racistas) que esconden otras muñecas (más y más, y mucho más, racistas).

Refiriéndose al combate entre los defensores de la CRT y los partidarios de proteger los valores liberales clásicos, George R. La Noue, profesor de Ciencias Políticas en la Universidad de Maryland y autor de *Silenced stages: The loss of academic freedom and campus policy debates* (2019), en un artículo de la revista *Law & Liberty*, explicó que «la CRT comienza con la presunción de que la raza es la forma principal de identificar y analizar a las personas y, en consecuencia, postula una jerarquía racial que supuestamente existe, con los blancos en la parte superior y los negros en la inferior. El comportamiento individual resultaría insignificante porque todos en Estados Unidos funcionan dentro de una sociedad de racismo sistémico, de racismo estructural y racismo institucional». No en vano, añadía La Noue, «todos los blancos deben admitir su culpabilidad confesando las ventajas que les confiere la supremacía blanca. El no hacerlo refleja la "fragilidad blanca", una actitud defensiva instintiva que se dice que los blancos muestran después de haber sido entrenados sobre su complicidad con el racismo. En segundo lugar, los individuos blancos no pueden esconderse detrás de ningún historial personal de no discriminación o de su conveniencia con las leyes o políticas de raza neutral porque la acción colectiva de su raza ha sido opresiva. Los blancos, por lo tanto, deben apoyar las políticas "antirracistas" que requieren diversas formas de preferencias raciales para los no blancos en una variedad de campos durante un periodo indefinido».

A DiAngelo nunca le preocupó que Occidente sea la única sociedad capaz de discutir primero y combatir después tanto el racismo como sus estructuras ideológicas (nazismo, segregación en los viejos estados confederados, *apartheid* en Sudáfrica, etc.) y sus fundamentos económicos (empezando por la esclavitud). DiAngelo a lo suyo. A ganar dinero mientras tomaba al asalto el cielo. DiAngelo y otros tantos charlatanes habían convencido a los administradores de las facultades, a los empleados de las oficinas corporativas de recursos humanos, a los consejos de dirección de los grandes empresas y a una gran parte del público lector de que los estadounidenses (blancos) debían de embarcarse en un proyecto autocrítico de mirar hacia adentro para examinar y trabajar contra prejuicios racistas que muchos apenas sabían que tenían.

O la sociedad apostaba por el «entrenamiento crítico de raza» o protegía los derechos civiles. O la desprogramación racial obligatoria o el —cada día más desacreditado— anhelo de una sociedad posracial en la que nadie juzgue a nadie por el color de su piel, cuando los niños sean valorados no por el color de su piel, sino por el contenido de su carácter, *free at last*.

Pero el camino de la calamidad no era recto. Incluso los mejores *DiAngelos* sufren tropiezos inesperados. Fue el caso de la debacle del Centro de Investigación Antirracista de la Universidad de Boston, cuyo fundador, Ibram X. Kendi, logró someter la institución a sus delirios, imponiendo actos para celebrar el *Día del compromiso colectivo sobre el racismo y el antirracismo, nuestras realidades y nuestros roles*. Como explicó un reportaje del *Wall Street Journal*, Kendi y sus colegas «denunciaron las leyes de identificación de votantes como "una forma expresamente antinegra de violencia estatal", afirmaron que Ronald Reagan inundó "comunidades negras con crack" y declararon que cada persona negra era "literalmente George Floyd"». Un orador incluso declaró que «era el momento de revolucionar "toda la institución" y hacer del antirracismo un elemento central de todas las disciplinas y un requisito para todas ellas y la contratación de profesores».

Según el *WSJ*: «Muchos otros departamentos de la universidad publicaron declaraciones "antirracistas" kendiistas, que limitan la libertad académica y subordinan la investigación a la ideología. Con la supervisión y aprobación de su decano, la Escuela de Teatro aprobó un plan para auditar todos los programas de estudios, cursos y políticas para garantizar la conformidad con "una lente antiopresión y antirracista" y discutió la colocación de monitores en cada clase para informar de violaciones de la ideología antirracista. El departamento de Sociología anunció públicamente que "la supremacía blanca y el racismo" estaban "ubicados y entretejidos en nuestra propio departamento". En el programa de Dramaturgia del departamento de Inglés, todos los programas de estudios tendrían que "asignar un 50 por ciento de escritores marginados y de identificación diversa", y cualquier "material o beca…" de un linaje blanco o eurocéntrico solo podría enseñarse a través de una lente antirracista».

Me lo explicaba el escritor y humorista Andrew Doyle, al que entrevisté: los antirracistas, y los jemeres del género, creían que «la percepción del mundo y la explicación de la realidad están construidas por completo por el lenguaje». En su opinión, las sociedades padecían racismo sistémico, machismo institucional, cultura de la violación, patriarcado, etc. Ó sea, estaban cruzadas por «entramados de poder invisibles, e indemostrables, que sirven para sostener que no solo las instituciones sino también cualquier punto de vista, cualquier pensamiento, sea potencialmente considerado como una manifestación al servicio de esos poderes ocultos. El arte, los libros y la pintura, la música y el cine serían entonces meras herramientas al servicio de ese poder, que los usaría para consolidarse. ¿Por qué estudiamos las obras de Shakespeare, por qué le damos tanta importancia? Pues porque fue un hombre, y fue blanco, europeo, etc., o sea, porque al estudiarlo, contribuimos a perpetuar sus obras, fortalecemos los cimientos del colonialismo, el heteropatriarcado, el racismo estructural, etc. A quienes piensan así de textos como *Romeo y Julieta* solo les interesa el sexo y la raza de su autor y descartan por banal el análisis literario, la valoración artística, la sugestión poética, los comentarios y el posible valor de la obra, supeditada, reducida, a la condición sexual, la pigmentación y/o la nacionalidad del escritor».

A las cuestiones relacionadas con el oscurantismo racial cabía añadir las batallas lideradas por el feminismo de corte iliberal. Como escribió Camille Paglia, la «ideología de género» fue una fórmula «empeorada por el sesgo anticientífico del posestructuralismo». Sucede que sin saberlo o quererlo habíamos patrocinado el triunfo de un feminismo puritano. Que tenía poco que ver con las reivindicaciones clásicas respecto a la igualdad, y mucho que ver, en cambio, con los delirios de pensadoras como Dworkin y MacKinnon. Con unos personajes que en los años ochenta levantan el pendón de la cruzada antipornográfica con la complacencia, cuando no la complicidad, de los vectores del fundamentalismo protestante.

Es ahí, en ese caldo de cultivo, donde brillarán los enunciados líquidos de pensadoras como Judith Butler. Tal y como recordaba James Lindsay en la revista *Quillette*, «los estudios de género, que abarcan conceptualmente la teoría feminista, casi no tienen representación en las mil revistas académicas más significativas (*Gender & Society*, la principal entre ellas, se sitúa orgullosamente en el número 824 del *ranking*), pero es difícil ignorar muchas de las más recientes consecuencias de la teoría feminista en el mundo real». Porque, y ese era el problema de fondo, lo que pudo tomarse como una desviación posmodernista del programa progresista, sin recorrido más allá de cuatro aulas, terminó por devorar a la izquierda, y después, por dispersarse e infectar al resto.

Faltaba por darle un nombre al movimiento feminoide y a su gemelo antirracista. Un destilado entre naif y místico. *Wokismo*, por *woke*, lo definía a la perfección. El uso del término, consagrado por el movimiento BLM (Black Lives Matter), es ya universal. *Woke* procede del verbo *to wake*, que significa «despertar», *stay woke* es «permanecer despierto». Una idea que arranca en las primeras décadas del siglo XX, gracias, entre otros, a los pensadores del Renacimiento de Harlem y a activistas y políticos como el jamaicano Marcus Garvey, que preconizaba la vuelta de los hijos de la diáspora africana al continente del que fueron arrancados sus abuelos. Con los años la palabra permeó numerosas canciones y obras literarias.

Richard Hanania, investigador de la Universidad de Texas y presidente del Centro para el Estudio del Partidismo y la Ideología, advertía en un ensayo para la revista *Quillette* sobre el peligro de quedarse en el estilo más que en la sustancia. El problema de percepción, entonces, tiene que ver con el error de señalar los casos más exóticos, empezando por las «universitarias que lloran exigiendo espacios seguros», siguiendo por los «estudiantes enojados que gritan a sus profesores por "microagresiones"» y terminando con los debates, puramente bizantinos, que «litigan sobre la definición de "mujer"». Para Hanania es fácil sentir aversión por los métodos al tiempo que aceptamos la agenda política. Y es ahí, en el programa *woke* —y no tanto, o no solo, en sus métodos—, donde radica el virus. Dicho de otra forma, lo *woke* no fue sino «la manifestación cultural largamente incubada de creencias que en muchos casos han estado profundamente arraigadas en la legislación estadounidense durante más de medio siglo».

De ahí, razona Hanania, que sea posible disentir de los credos *woke* y, al mismo tiempo, exista toda una compleja regulación federal, desarrollada a partir de los años setenta y ochenta, que «obliga a las empresas a vigilar el discurso de sus empleados para evitar que digan cosas que puedan ofender a las mujeres y a los no blancos; y desde 1991 los trabajadores más litigantes han podido recibir daños punitivos en demandas, sufrieran o no consecuencias profesionales. Quienes se oponen al despertar a veces dicen que "a los hechos no les importan tus sentimientos". Pero el poder judicial federal sí». El siguiente paso fue el uso y abuso de los cursos sobre los teóricos privilegios de los blancos, de los que ya hemos escrito. «No es difícil entender por qué el discurso actual pasa por alto todo esto», remacha Hanania. «Las similitudes conceptuales entre los principios de la Ley de Derechos Civiles y el despertar son bastante fáciles de explicar, pero las cargas que la ley impone a los empleadores y trabajadores tienden a tener efectos indirectos y complicados sobre cómo operan las instituciones y sobre la cultura en general». De ahí se deriva que, por «vigoroso» que sea el debate público, «en las instituciones la izquierda obsesionada con la identidad tiene todo el poder. Esto no se debe a que tengan los argumentos más convincentes, sino a que durante medio siglo las leyes, instituciones y estructuras han ayudado a hacer cumplir sus ideas sobre la justicia social».

Asunto distinto es que lo *woke* no entraría en la corriente de la cultura pop y los *mass media* hasta la muerte del joven

Michael Brown a manos de la Policía de Ferguson, en Missouri. Lo *woke* tiene mucho de culto, de fe, de Iglesia, con sus principios escritos en piedra, sus misterios no falsables (la sociedad está permeada por estructuras de opresión, etc.), y sus feligreses, incapaces de asumir ninguna palabra en contra y convencidos de que a la realidad solo puede aproximarse uno mediante el autoconocimiento y la vivencia personal.

«El movimiento es hostil a la objetividad», sostiene Doyle, «desviarse del credo se considera herético, al que lo hace, lo excomulgan, lo señalan, lo aíslan. Buscan pecados y buscan pecadores, y lo hacen con la vehemencia de unos inquisidores. Hasta el punto de que acusan a la gente sin ningún tipo de evidencia. A falta de pruebas aseguran que saben lo que piensa esa persona, lo que tiene en la cabeza, y no necesitan más». «Dicen cosas como: "Somos antirracistas"», añade, «pero cuando alguien dice que es antirracista significa que está contra el racismo, mientras que ellos aspiran a instaurar una nueva versión del racismo, rehabilitado y obsesionado, como el viejo racismo, en juzgar a la gente por el color de su piel. O cuando hablan de la justicia social. Para mí la justicia social significa igualdad bajo la ley; para ellos, hacer hincapié en la identidad de grupo de forma que avance su agenda particular».

En puridad, las cruzadas punitivistas alimentadas con las mejores intenciones, los pánicos morales, los castigos colectivos y el ataque a las salvaguardas legales y la presunción de inocencia llevan incorporados a la *main stream* demasiado tiempo. Así, *No Crueler Tyrannies: Accusation, False Witness, and Other Terrors of Our Times*, la premio Pulitzer Dorothy

Rabinowitz recopiló un puñado de casos desoladores. Como explicó Richard Beck en *We Believe the Children: A Moral Panic in the 1980s*, casi doscientos maestros, niñeras, padres y hasta policías fueron laminados por sus supuestos, muy supuestos, crímenes nefandos contra la infancia. No menos de ochenta personas recibieron el premio de unas sentencias draconianas. La maestra Margaret Kelly Michaels, condenada a cuarenta y siete años de cárcel. O el agente Grant Snowden, cuya mujer dirigía una guardería. O el doctor Patrick Griffin. O Gerald Amirault, condenado en 1986, al igual que parte de su familia, y liberado en 2004 gracias a las investigaciones de unos cuantos periodistas dignos, entre otros, Rabinowitz. O las más de cuarenta personas de un pueblecito, todas inocentes, acusadas de abusos por las hijas del jefe de la policía local y de un delincuente que negociaba con la fiscalía.

Uno de los personajes públicos que con más vehemencia denunció las conspiraciones satánicas, las supuestas redes de crímenes sexuales y la hipotética plaga de canibalismo, tortura y sodomía contra los atónitos infantes de América, y en consecuencia corresponsable de la cruzada, fue Oprah Winfrey. La misma Oprah dio vuelo al linchamiento de Woody Allen. La historia, que repite como náusea.

El parte de bajas ocasionado por todos estos desmanes iba del profesor de Química en Cornell, David Collum, a Harald Uhlig, profesor de la Universidad de Chicago y miembro de la Reserva Federal del Banco de Chicago, y el *Journal of Political Economy*, que tuvo la mala idea de criticar el Black Lives Matter, el profesor W. Ajax Peris, de la Universidad de California en Los Ángeles, acusado de racista por leer en clase la *Carta de la cárcel de Birmingham*, de Martin Luther King, que contiene la palabra *nigger*, o el profesor de Física Teórica de la Universidad de Michigan, Steve Hsu, acusado de «racista» y «sexista» por sus propios estudiantes.

Bari Weiss, la editora y columnista del *New York Times*, publicó tras su dimisión una carta de despedida del diario donde lamentaba los ataques sufridos a manos de sus propios compañeros y advertía de que la «importancia de comprender a otros americanos, la necesidad de resistirse al tribalismo y la asunción del papel central que ejerce el libre intercambio de ideas en una sociedad democrática han caído en saco roto». En lugar de eso, añadía, ha nacido un nuevo consenso, casi una religión, que considera que «la verdad no es el fruto de un proceso de búsqueda colectiva, sino una ortodoxia administrada por un puñado de iluminados».

Menos mal que las cancelaciones no existían. De lo contrario, a ver qué hacíamos con los represaliados que recopila este libro. Una siembra de cadáveres que no acota, ni de lejos, la totalidad de la masacre, pero que reúne suficientes muertos como para no reconocer que nuestras democracias tienen un problema con la defensa de principios tan cardinales como la presunción de inocencia y el derecho a una tutela judicial garantista. Por no hablar de los ataques que a diario sufren la libertad de expresión y la de prensa, expuestas al zumbido de los empoderados censores.

La Asociación Nacional de Académicos, una organización sin ánimo de lucro que «defiende los estándares de una educación que fomenta la libertad intelectual» y «la libertad académica de los miembros de la facultad», mantiene una lista, permanentemente actualizada, aunque incompleta, de profesores, personal administrativo y estudiantes «cancelados» por sus opiniones. En el momento de escribir estas líneas sumaba 105 «cancelaciones». El primero en la lista era el gran Edward O. Wilson, padre de la sociobiología, acusado en 1975, contra toda evidencia, de sostener posturas que algunos tildaron de racistas. Entre los académicos laminados abundaban los defensores del abecé del liberalismo político y/o los postulados científicos más elementales. En opinión de los responsables de la organización, «la amenaza a la libertad académica es obvia: cuando aquellos dentro de la academia son incapaces de contradecir la ortodoxia progresista, desaparece la búsqueda desinteresada de la verdad. La erudición razonada se cambia por el sustituto barato e insípido del activismo político. Y a la larga, la propia educación superior muere».

No importan los fiambres que uno apilara, los censurados que encontrásemos. Siempre surgía un comentarista indeciso. Un columnista feliz de ironizar sobre el sufrimiento ajeno, desdeñando las cancelaciones con suficiencia. Su confusión, derivada de equiparar los procesos canceladores y sus dispares resultados, desvelaba problemas derivados del puro narcisismo. O de la cobardía. O de esa complacencia, con uno mismo y sus ideas, que permite justificar las cabelleras cortadas. Cortadas, sí, porque no otra cosa excepto ejecutar a un hombre es llamarlo cerdo, acusarlo de delincuente sexual, exigir su defunción profesional y chamuscar su imagen hasta hacerlo caminar por la conversación pública transformado en monstruo.

La izquierda española recogió las cuestiones relacionadas con la guerra de sexos, la confusión sobre el género o los problemas derivados de la identidad racial con la insuficiencia habitual marca de la casa. También como una tabla de salvación. Dada la virulencia de la crisis de 2009, más las caídas previas del ideal socialista, lo *woke* supuso una plegaria atendida. Ayer peronistas, hoy identitarios. Ayer populistas de la escuela argentina, hoy abrazados a las preocupaciones de la cuarta ola feminista, en tiempo récord. A Podemos, Sumar y satélites, desfondados en su reinvención de la rueda, lo *woke* les ofrecía una alternativa a los discursos más descoloridos. La miseria o la explotación, el rollo sobre la plusvalía o la igualdad de oportunidades ya no atraían clientes; la sexualidad sí; también la raza. Desprovistos de cualquier principio menos el de conservación, los más listos fueron de Laclau a Butler.

Al respecto fueron llamativos casos como el de la asociación Infancia Libre, con numerosos políticos tachando de prevaricadores, machistas, fachas y más a los jueces que sentenciaron contra su criterio. Lo que traían bajo el brazo las persecuciones públicas de los jueces, y de los padres a los que sus exmujeres habían secuestrado a sus hijos, era una indisimulada apuesta por el derecho penal de autor. En el Gobierno de España llegó a haber ministros que hicieron distingos según la identidad del acusado, condenando con más o menos dureza según el cromosoma. El mal había comenzado a incubarse en 2004, con la Ley Integral de Violencia de Género (LIVG), que pasó a considerar que detrás de cada agresión de un hombre a una mujer latía una intención machista. Era cuestión de tiempo dar por buena la desproporción en las penas.

En una tribuna publicada en *El Mundo*, el catedrático de Derecho Penal de la Universidad Complutense Enrique Gimbernat escribió que «con la LIVG en la mano al varón se le hace responder por los tipos agravados, no porque él haya actuado aprovechándose de "la situación de superioridad de los hombres sobre las mujeres", sino porque existen "muchos otros hombres" —"una altísima cifra", en palabras del TC— que lo hacen, como, por ejemplo, el marido celópata que lesiona o amenaza levemente a su mujer; pero en el derecho penal democrático la responsabilidad es personal y si, en el caso concreto, la conducta del autor no está motivada por el machismo, no se le puede tratar "como si" lo hubiera estado, simplemente porque en muchos otros hombres sí que concurre esa motivación cuando realizan la misma conducta». Y como de costumbre, la cruzada contra el enemigo de paja estaba convenientemente abonada con unos datos distorsionados.

Los pánicos morales arden locoides en un país tan seguro como el nuestro. Jorge Santos en *El País* explicó en un reportaje que el asesinato en España es «un fenómeno absolutamente residual. En España, la tasa anual de homicidios por cada 100.000 habitantes es de 0,6, una cifra ínfima comparada con los 1,3 de Francia, los 1,4 de Finlandia, los 5 de Estados Unidos, los 19 de México o los 30 de Brasil...». Solo tres de las 661 víctimas (el 0,45 por ciento) contabilizadas en el periodo 2010-2012 «sufrieron una agresión sexual antes de ser asesinadas». La ley, por cierto, tampoco era eficaz: si repasamos el número de mujeres asesinadas antes y después de aprobarse la LIVG, veremos que fueron 58,4/año en el periodo 1999-2003 y 59,4/año en el periodo 2005-2018.

Retroalimentados por dos décadas largas de victimización y leyes *ad hoc*, todo estaba listo para casos como el de La Manada, que desembocaron, primero, en una ofensiva sin precedentes contra el poder judicial y, posteriormente, en la redacción de una ley, llamada de «Solo sí es sí», abracadabrante. Cuando, por ejemplo, antes de existir sentencia firme del Supremo, los integrantes de La Manada obtuvieron la libertad condicional previo pago de una fianza de 6.000 euros, diversos representantes públicos, con cargos políticos, convocaron manifestaciones de protesta en toda España. A la espera de que se resolvieran las apelaciones, con los acusados encarcelados desde hacía dos años, a los partidarios del talión y el ojo por ojo, modernos émulos del Código de Hammurabi, todo les parecía poco. «Lección aterradora para un país donde esta sentencia suena a siglo pasado», escribió Iñigo Errejón, incapaz de distinguir entre la decisión de la Audiencia Provincial de Navarra y la apelación. Incluso circuló en redes sociales la dirección del juez del voto particular del caso, al que el entonces ministro de Justicia del PP, Rafael Catalá, acusó de tener «algún problema singular». Unos y otros alentaron la persecución de los jueces.

Frente a la marejada solo parecía alzar la voz el Opus Dei y la *voxemia*. Fantoches como curas antiguos, iluminados sin ápice de gracia, homófobos recalcitrantes, especialistas en cargar contra los inmigrantes, desconfiados de los intelectuales como mandan los cánones del retrógrado pata negra. En España, vamos, la lucha contra los reaccionarios la lideran otros reaccionarios por la misma razón por la que al nacionalismo, perdidos ya UPyD y Ciudadanos, solo lo enfrenta un nacionalismo de signo contrario. Cada vez más, los acorralados liberales, los penúltimos democristianos y los últimos socialistas democráticos apenas rozan el embarrado campo de batalla, atemorizados por el precio que conlleva disentir.

Nuestros reivindicativos santos, nuestras ardorosas guerreras, empoderados hasta la arcada, también han hecho suyo el discurso indigenista, tan hijo del ala reaccionaria y naif de los demócratas estadounidenses como de los movimientos populistas hispanoamericanos. Les importaba una rotunda hueva que los territorios de lo que fue conocido como La Nueva España, en los actuales Estados Unidos, el genocidio de los pueblos nativos americanos tuviera como origen la sustitución del contingente español, católico y pagano, sincrético y mestizo, por el rodillo de los colonos anglosajones y la caballería de Custer y Cía. Uno de los padres de California, fray Junípero Serra, fundador de misiones, defensor de los nativoamericanos, que ayudó a consolidar poblaciones estables en todo el territorio, fue uno de los primeros objetivos de las turbas iconoclastas. La Universidad de Stanford aceptó retirar su nombre y efigie de las instituciones. Suma y sigue en la campaña contraria a la herencia española en Estados Unidos. Contra los hispanos, claro. A los que, unos por acción y otros por omisión, por enemigos o tontos útiles, dejaban sin referentes históricos. Así, en 2021, por orden de la alcaldesa demócrata, Lori E. Lightfoot, el Día de Colón en Chicago, observado por no menos de trescientos mil estudiantes en la ciudad del lago Michigan, fue rebautizado como Día de los Pueblos Indígenas.

Así funcionaban las cosas en los días de los *social warriors* y los ritos, coros y pánicos del activismo pop. Los indios pasaron de ser los malos de atrezo en los *westerns* canónicos, allá por Monument Valley, a cabeza de misil para justificar otra reinvención de la historia, que no puede borrarse pero sí cambiar de dentro a fuera, repintada y luego canjeada, rota, adulterada, en el mercadillo de las buenas intenciones. Todo lo arrollaba la hispanofobia y, en un sentido más amplio, la estupidez. Como aquel mural en San Francisco, en el colegio George Washington, firmado en 1936 por el emigrante ruso Victor Arnautoff: 13 paneles y 1.600 pinturas con escenas del primer presidente en varios momentos de su vida, y que incluían denuncias de su trato con la esclavitud. En agosto de 2019 la junta del colegio votó primero por destruirlo y finalmente, en un gesto que algunos despistados calificaron de equidistante, decidió cubrirlo con unos paneles pedagógicos. Dedicados a las gestas y sufrimiento de los afroamericanos. A contar, uh, «cómo hemos luchado y continuaremos luchando contra la discriminación, el racismo, el odio y la pobreza», según el director del colegio. Poco importó que un antiguo estudiante del George Washington, el actor afroamericano Danny Glover, pidiera clemencia para la obra.

Para rastrear el desplome racionalista traigo, a modo de cierre, las declaraciones de un actor y un político.

Invitado a hablar durante la ceremonia de los Goya de 2024, el mexicano Gael García Bernal afirmó que las respuestas que buscamos para combatir el cambio climático podremos encontrarlas en los conocimientos tradicionales de las culturas precolombinas. Como (afortunadamente) le recordó por escrito un paisano suyo, el escritor y editor Ricardo Cayuela, «al menos dos civilizaciones mesoamericanas, la teotihuacana del altiplano central y la maya del periodo clásico, desaparecieron debido al arrasamiento de los recursos disponibles, cuya huella ecológica se puede seguir hasta el presente».

El ministro de Cultura, Ernest Urtasun, explicó en redes sociales que «la cultura es una herramienta de combate contra la extrema derecha». De lo que fácilmente podemos colegir que, una vez derrotado el enemigo, bien podemos quemar los libros.

Para nuestros concienciados y ardorosos guerreros, para nuestros empoderados líderes, ni la ciencia, ni el Estado de derecho, tampoco la creación artística, son ya otra cosa que aparejos, puramente instrumentales, en pos del paraíso. En nombre de sus víctimas, de los silenciados y calumniados, levanto mi libro como quien yergue una bengala. Por mí que no quede.

1

EL *TOUR* DE LA MANADA Y LA CAZA DE ANÓNIMO GARCÍA

Anónimo García abre esta procesión de nombres y hombres malditos. Un Guy Debord ibérico o un Joey Skaggs hípster. Fundador de Homo Velamine, colectivo humorístico ultrarracionalista. «Nos colábamos en el torrente comunicativo de los *mass media* y las redes sociales», cuenta en su web, «para difundir acontecimientos absurdamente lúcidos, y luego analizábamos con diversión y horror cómo el público zurcía inmaculadamente los mordisquitos con diversos sesgos sin ni siquiera ser consciente de ello». Un cachondeo surreal distinguía sus acciones, capaces de unir en contra a los cabestros, sin importar sus parafilias ideológicas, club de fútbol o neuras sexuales.

Todo iba bien hasta que llegó el caso de La Manada. A su aroma violento y choto acudieron enjambres de tiburones. Llegó La Manada y los popes mandaron parar y los medios engordaron con una rara combinación de sentimentalismo necrófago y populismo punitivo. Llegaron y nos dijeron qué podíamos opinar y cómo. Anónimo, ay, pagó por haber ideado una página web, un bromazo, el *tour* de La Manada, que parodiaba el circo informativo. Quiso dignificar el tratamiento que dispensamos a las víctimas de los crímenes sexuales, denunciar la hipocresía de unos presentadores ensoberbecidos de lágrimas porno y unos políticos envenenados contra la independencia judicial. El fiscal pedía la absolución y a Anónimo lo premiaron con una condena de 18 meses de cárcel y 15.000 euros de multa. Podemos discutir si la broma fue excesiva, pero llevar una *performance* por lo penal es un despropósito. En la España de 2022 la Internacional Situacionista moriría de asco, a Groucho Marx lo llevarían preso y con los higadillos de Lenny Bruce haríamos chuches.

Porque hay cosas, niño, que no se tocan. Juan Soto Ivars ha entregado un libro importante sobre el asunto, *Nadie se va a reír*. Uno de esos textos que (casi) nadie escribe porque teme quedarse al margen, contaminado por celebrar la amarga honestidad del payaso. Los jueces que crucifican al humorista tampoco es que no entiendan la coña. Pero no quieren líos. De ahí su humillación ante el esoterismo de la llamada perspectiva de género y el seguidismo del Supremo.

Anónimo es el penúltimo damnificado por una procesión de comisarios del pensamiento y el culo ajenos, arrollado bajo el desfile inabarcable de oportunistas con anteojeras morales. Sirve como aviso para peatones y caminantes mientras por los estercoleros digitales la chusma de odiadores aplaude la ordalía.

Los partidarios de cancelar al vecino sueñan con una revolución social que clausure al hereje y necrose la inteligencia. Creíamos abandonar la mordaza y hemos amanecido en la primavera de todos los tabúes. Las persecuciones, sostenidas por una izquierda iliberal y una derecha analfabeta, implican que los libres cenen mierda y los cobardes prosperen, cebados de santidad y sadismo.

Anónimo García a la cárcel por reírse

Caminamos por las calles de Madrid con Anónimo García (Zaragoza, 1980), sentenciado en 2019 por el Juzgado de Primera Instancia, y por el Supremo en 2020, tras haber concebido y ejecutado, junto a su grupo de humor situacionista, Homo Velamine, el llamado *tour* de La Manada.

Aquello fue un *tour* falso. O una broma muy seria. Usaron el humor para desnudar el ensañamiento de los medios, la explotación mediática del morbo. Pero a nadie le hizo gracia, sobre todo a las televisiones.

Aunque la web apenas estuvo colgada 48 horas, e inmediatamente después publicaron un desmentido, a los cinco meses de su acción Anónimo fue demandado por la mismísima víctima de La Manada: lo acusaba de buscar el lucro y de odiar a las mujeres. En un proceso kafkiano, donde nada fue lo que parecía, acabó condenado a 18 meses de cárcel y al pago de 15.000 euros de multa. Más otros 12.000 para la abogada de la chica, por costas. A lo que hay que sumar otros 12.000 para sus abogados. ¿Una ruina?, le preguntamos. «Sí», responde lacónico.

El metro nos lleva de la estación de Sainz de Baranda hasta Matadero. Anónimo, heredero bastardo de los dadaístas, comenta el «carroñerismo mediático», la «telenovela morbosa basada en hechos reales» que algunos cocinaron delante de las cámaras. «Cuanto más durase el espectáculo, mejor para ellos, más dinero hacían», remata.

Anónimo tiene una apariencia entre naif y gamberra, de niño grande y listo que juega a pinchar las contradicciones de los adultos. Delante de una cerveza y un café con leche de soja comenta los pormenores de un caso histórico que ha sentado la ironía en el banquillo. Por debajo de la máscara levemente ácida gasta una ingenuidad, una ternura que casan mal con el retrato atroz que dieron los tabloides.

—¿Exagero si digo que es la primera vez en la historia de la democracia que alguien es condenado por una acción artística mediante el artículo 173.1 del Código Penal?

—En absoluto. Es así. Lo llevaron por lo penal, algo inaudito, y me condenaron con un artículo pensado para casos de trato degradante, casos de maltrato...

—Pero está pendiente de revisión en el Constitucional...

—Entre tanto la sentencia es firme. Medio en broma y en serio suelo repetir que el Constitucional se pronunciará en el siglo XXV..., aunque podría retrasarse.

—De usted dijeron, en sede judicial, poco menos que era el sexto miembro de La Manada. La abogada de la chica habló de «Manada virtual».

—Juzgaron y condenaron como si aquello fuera algo real, y no una parodia. Les conviene que el bulo no sea desvelado. No pueden decir que el *tour* iba en serio. A lo mejor, alguien, muy despistado, pudo creerlo al principio. Pero en cuanto colgamos el desmentido, y por supuesto después de que lo explicamos en sede judicial, pues, la verdad, ya no.

Anónimo no es el único miembro de Homo Velamine que me acompañará en este garbeo. También están Mr. Satán, Imperator, Matilde Duarte, Zumo Gris y Grima. La comitiva hace una ruta puramente surrealista, de la Central del Buen Gusto, en Usera, con sus cientos de jamones *fake* colgando del techo y su aire a fotograma chungo de Bigas Luna, donde comemos menestra con salchichas de Frankfurt, al bar más inefable de todo Madrid, Una, grande y libre, propiedad del conocido como el Chino Facha, Chen Xiangwei. Un delirio loquísimo, sacado de un viaje de ayahuasca compartido por Gengis Kan y José Luis Torrente.

El *tour* de La Manada no fue la primera acción del grupo. Durante una de las manifestaciones del 8-M, en 2018, desplegaron en Gran Vía una bandera de cincuenta metros cuadrados donde podía leerse: «Viva España feminista». Varios manifestantes treparon por los andamios y agredieron a Anónimo, convencidos de que eran objeto de una burla por parte de un grupo de fascistas. En otra ocasión crearon una *app* falsa que supuestamente servía para la compraventa de votos de abstencionistas. Una mañana se hicieron pasar por Karl Marx y un grupo de «duendes proletarios», situándose delante de Cortylandia y simulando que los grandes almacenes, fruto del parecido de Papá Noel con el filósofo, habían contratado por error al autor de *El manifiesto comunista*.

«Date cuenta de la paradoja: la chica cuyo caso propicia el "hermana, yo sí te creo" me denunció por algo objetivamente falso. Algo que nunca había existido. Nunca hubo *tour* y nuestro único objetivo era exponer el uso del caso», se lamenta, consciente de que además de enfrentarse a un proceso penal también sufrió el acoso de la jauría informativa, una que aprendió a morder con el caso de las niñas de Alcásser.

Antes de vernos, Anónimo había almorzado con sus antiguos compañeros de Greenpeace, donde trabajó ocho años, hasta que la ONG, asustada, lo despidió.

—¿Se sintió traicionado?

—La mayor parte estaba en contra del despido. Pero... Son tres años de puertas que se han ido cerrando. Yo siempre he sido muy de izquierdas. El problema es que me gusta cuestionar todo.

—Incluidos los dogmas de la izquierda.

—Eso es.

—¿Y la reacción de las instituciones? ¿Y los medios?

—Institucionalmente nadie se arriesga. Y los periódicos de izquierdas no quieren discutir nada que pueda fastidiar a su clientela.

Anónimo lleva casi tres años sin empleo. Ahora vive en Pamplona, donde tiene una hija. «Yo iba mucho por allí, con mi pareja y, bueno, supongo que tengo bastante memoria visual y, claro, cuando paseaba por la ciudad, sin quererlo, reconocía muchos de los lugares del caso. Los medios los habían mostrado una y otra vez. Eso sí que era el *tour* de La Manada, 24 horas al día regodeándose con los detalles más escabrosos, en teoría conmovidos, pero, en el fondo, haciendo dinero».

El pasado miércoles copresentó en la librería Tipos Infames el libro que el columnista y escritor Juan Soto Ivars ha dedicado al asunto, *Nadie se va a reír. La increíble historia de un juicio a la ironía*, un libro escrito mientras buena parte de la profesión callaba. Autor y protagonista expusieron el caso a tumba abierta. El agujero, lleno de libros, rebosaba de gente desencantada con este suma y sigue de prohibiciones. Los aplausos, al terminar, fueron potentes, casi terapéuticos.

—¿Algo se mueve?

—Creo que sí. Juan sugirió que este llenazo no habría sido posible hace tres o cuatro años. Y yo creo que cada vez más gente se cansa de este neopuritanismo promovido por la izquierda capillita. Las instituciones y la prensa se acobardan ante un tuit acusador, pero muchas personas de izquierdas y feministas me han comentado que se han posicionado contra esa línea respecto a mi caso. Esta es la gente que me hace mantener la fe, quienes no se pliegan al dogma.

2

HERNÁN MIGOYA, SUPERHÉROE DE BARRIO

Todas las persecuciones ideológicas y políticas de la historia avanzaron a golpe de picadillo humano. Cada quilombo abría siempre fuego con su cuota de víctimas rituales, que subrayan con sangre los viejos y nuevos tabúes. Los dueños del silencio tienen mucho más fácil imponerse con un fiambre por delante, en plan *banner* cadavérico, que fiados a la mera persuasión del acojone dialéctico.

En 2003 Hernán Migoya (Ponferrada, 1971) tuvo la divina ocurrencia de publicar *Todas putas*. Por poco no muere apedreado. Lo acusaron de apologeta de la violación. Que el libro fuera cualquier cosa menos un elogio de la barbarie no lo libró de la hoguera.

Al infierno por teclear novelas, cómics y cuentos en vez de catecismos. Al cadalso por licencioso y libre. Por describir el mundo en su poliédrica sordidez en lugar de imaginar otros universos, más puros y amables por idealizados y, a la postre, imposibles. Al paredón por no aceptar como intocables los dogmas con los que trafican nuestros misioneros, intelectuales orgánicos, funcionarios de la difamación, burócratas de la utopía.

Todas putas acabó con un novelista brillante, hijo bastardo de Robert Crumb, Alan Moore, Kurt Vonnegut, Miura, Conan el bárbaro, 007, Berlanga, Bruguera, Oscar Wilde y Frank Miller, exiliado en Lima, entre el cielo del altiplano y los Andes. Como no les gustó *Todas putas*, en 2007 publicó una segunda parte, *Putas es poco*. A los bienaventurados morales y a los gerentes inguinales hay que darles en toda la boca: les va la marcha.

Versátil como pocos, Migoya, que durante años fue redactor jefe de la revista *El Víbora*, lo mismo guioniza a Montalbán y su serie de Pepe Carvalho (*Tatuaje*, *La soledad del mánager* y *Los mares del Sur*, las tres con los dibujos tremendos de Bartolomé Seguí) que publica las *Hazañas eróticas del cuarentón hijoputa* junto a un monstruo como Santiago Sequeiros, reinventa el libro autobiográfico con *Baricentro*, crónica de una infancia en el extrarradio de Barcelona, y rinde tributo a sus padres con el visceralmente conmovedor *Y si quieren saber de nuestro pasado*.

El talento molesta a los enanos, locos por gasear a quien destaca, dispuestos a cobrarse la entrepierna de los mejores. Con Migoya no hubo forma. *Connoisseur* de la alta y la baja cultura, libre de los complejos que ulceran a muchos de nuestros literatos, ilegibles por esnobs y por pijos, humillados ante las camarillas, enganchados al *vayapordelantismo*, quisieron darle matarile mucho antes de la actual fiebre canceladora. Pero circula demasiado a su bola y es demasiado independiente para enterrarlo.

En 2023 Migoya volvió con otro demoledor libro de cuentos, *Putas os quiero*. Lo mataron en vida y resucitó cada vez que dispararon. Erudito de la cultura pop, ha seguido a su bola, escupiendo misiles-tierra aire desde su exilio en Lima, Perú. Nunca deja títere sano ni tópico sin afeitar. Cuando lo entrevisté para el suplemento *Crónica*, de *El Mundo*, me explicó que «el mundo literario español es falso y su jerarquía no responde a ninguna influencia real en la sociedad. No somos *La que se avecina*. Además, yo no sé decir lo conveniente: solo sé mentir en los libros. Por eso no tengo columnas de opinión impartiendo a la gente lecciones éticas en las que no creo, como tantos y tantos nombres de nuestra literatura».

Aparte de *Migoya*, multipremiado en el Salón del Cómic de Barcelona, también había publicado en Francia, junto al dibujante Bartolomé Seguí, *Los mares del sur*, la tercera entrega de su serie de cómics basados en las novelas de Montalbán. Las críticas fueron fabulosas. Pero no todos estaban contentos: una asociación de amigos de Vázquez Montalbán lo acusó de incluir elementos machistas en las adaptaciones a cómic de Carvalho. «¡Eso es como acusarte de pornógrafo por no tapar con la mano los genitales del *David* de Miguel Ángel», exclamó. «O sea, me acusaron de machista por no ocultar el machismo contextualizado de Carvalho en sus aventuras. A ver, que yo no inventé nada: en *Tatuaje* interroga a una amante con la que acaba de follar acercando la cara de ella al fuego de la chimenea; en *La soledad del manager* se compadece de un feminicida… ¿Qué voy a hacer yo? ¿Taparlo? Luego, ante la evidencia, se defendían diciendo que Montalbán "denunciaba" el machismo en sus novelas».

—¿A eso lleva mitificar a un autor?

—A mentir sobre su obra. El machismo en las novelas de Carvalho es hasta cierto punto lógico por la época en que se desarrollan. Pero no: hay que decir que denuncia el machismo. Me sentí como si un cónclave del Opus Dei estuviera defendiendo la virginidad de Escrivá de Balaguer. En el fondo, era lo mismo. Carvalho ni siquiera es comunista: es ácrata, como dice Daniel Vázquez Sallés que en el fondo era Montalbán.

Contaba Migoya que había perdido recientemente a su madre de cáncer. Y que su padre estaba enfermo de demencia y Alzheimer. Lo había narrado en un libro estremecedor, *Y si quieren saber de nuestro pasado*. «Mi padre ha quedado al cuidado de mi hermano en España y yo me he reinstalado en Lima sin intención de regresar. Es como si ya no tuviera ningún interés en la vida. Desde luego, ya no lo tengo como escritor. Así que este último libro es mi ajuste de cuentas final, no solo con mis linchadores, sino con mi país. Me he volcado sin miedo a las consecuencias —ya no hay peligro de que mi madre sufra por mí—. *Putas os quiero* compendia el asco que me dan la vida cultural y la sociedad españolas y su disfraz de todo. Ese aburguesamiento que ha hecho que ya no nos podamos reír porque somos de izquierdas mientras quien dicta nuestra moral es el pensamiento puritano del último éxito de Hollywood. Estoy harto de tanta hipocresía».

Ah, el escándalo que provocó en 2003 *Todas putas*. Pasen y lean lo que algunos escribieron entonces: «Violador nato» (Rosa Regás); «De Ponferrada tenía que ser, como el alcalde acosador» (Lucía Etxebarría), «Lo peor de este libro es su autor» (Pilar Rahola); «¿Seríamos tan solidarios con el terrorismo de ficción y el nazismo de ficción y la homofobia de ficción como con la misoginia de ficción? Lo dudo» (Juan José Millás).

Migoya venía de publicar una biografía del escritor estadounidense Charles Williams y otra de la *striper* Chiqui Martí, de ser guionista de cómics como *Kung Fu Kiyo*. Su editora era Miriam Tey, que compaginaba la dirección editorial en el grupo Random con la del Instituto de la Mujer. «La campaña por *Todas putas*», opinó, «fue un linchamiento por motivos políticos. Disparaban contra el debutante». «Podían apalearme», añadía Migoya, «y nadie se iba a quejar. Ya tenía premios en el mundo del cómic, pero el cómic a los escritores siempre les ha importado una mierda. Fue un alud de insultos provocado por un libro de relatos satíricos de ficción».

El antes y el después del escándalo lo marcó Mario Vargas Llosa con un artículo en el que le defendió. Lo publicó, además, en *El País*, que había montado la campaña en su contra en alianza con la SER. «Tenían de perro sabueso a Juan José Millás, que me dedicó dos columnas, llamándome nazi». «El día que salió el artículo de Vargas Llosa», añadió Migoya, «alguien me avisó y lo compré en Barcelona. Lo leí en un banco del paseo de San Juan y lloré».

Viva Migoya, superhéroe de barrio. Y al carajo los cínicos, los puros, los de la comunión de los santos, los guardianes de las reliquias, los custodios del canon, los salvadores de la entrepierna, los monjes alféreces y los malnacidos empeñados en ordenar cómo pensamos, como reímos y cómo follamos.

3

PABLO MOTOS, LA VIOLENCIA SEXUAL SEGÚN EL MINISTERIO

Días de violencia política, mediática y sexual. Tardes de petardeo y demagogia. De montar batidas con el sujeto incómodo. De usar la artillería del Gobierno y sus medios afines para cubrirse las llagas y talar enemigos. Otro agraciado por la centrifugadora ha sido Pablo Motos. Lo acusan de machista y rijoso por el procedimiento adolescente, pueril, de descontextualizar sus entrevistas, fabricando una argamasa *copy/paste* de mentiras.

Al presentador de *El hormiguero* le han montado un circo cuya estafa principal tiene que ver con la calidad de las acusaciones. Comparen el *spot* del Ministerio de Igualdad con el fragmento que parodia. En el primero, un baboso le pregunta a una mujer si usa ropa interior *sexy* o cómoda. En el segundo, Motos entrevista a Elsa Pataky. La actriz fue al programa para vender sujetadores y bragas, ligueros y camisones. De ahí que entrevistador y entrevistada hablen de sujetadores y etc. No hablar de bragas, o dedicar los minutos a celebrar al primer Kurosawa, habría sido poco profesional. Pero los apologetas del Ministerio del Amor, Minimor, por decirlo Orwell, prefieren abolir la realidad, que desmienten por inservible. Hubo violencia. Punto. A quemarropa y contra las mujeres. Así tomadas. Pues son un colectivo. O un rebaño.

Encargados de inocular castigos y reeducar en el amor al Credo, los doctores de la sexta o séptima ola feminista quieren convencernos de que vivimos en un universo falocéntrico. Si la actriz no echó a correr fue porque vive presa de un *Matrix* heteropatriarcal, tra, tra. No sabe lo que le conviene. A reeducarse, niña.

Igual que explicarle a una ministra que quizá llegó a donde llegó gracias a algo más que su extraordinario currículum académico es violencia política, violencia sexual también es cualquier cosa. Hasta el punto de que, según el Ministerio, una de cada dos mujeres españolas la ha sufrido. Por mitad el Ministerio entiende el 40 por ciento. Y de ese 40 por ciento, el 74,9 por ciento son mujeres que declaran haber sido objeto de miradas insistentes o lascivas en algún momento de su vida. Lo importante aquí y ahora es ampliar el perímetro de lo prohibido. Una doctrina con buena jurisprudencia. «Todo el que mira a una mujer deseándola ya ha cometido adulterio con ella en su corazón» (Mateo 5,28). «Aparta tus ojos de una mujer hermosa, y no te fijes en belleza ajena. Por la belleza de una mujer muchos se perdieron, y a su lado el amor se inflama como el fuego» (Eclesiástico 9,8).

Si yo fuera Motos, estaría cachondo. De orgullo y rabia. No todos los días recibes el privilegio de una campaña de heces a cuenta del BOE. Lo suyo quedará como la enésima cancelación ensayada por las rapaces. Su principal urdidora, Irene Montero, pasará a la historia como arquitecta de una ley obscena, empeñada en equiparar los supuestos de abuso sexual y de agresión sexual hasta lograr que cientos de violadores rebajen sus condenas. Qué éxito, tía, o sea.

4

COLIN WRIGHT O LA UNIVERSIDAD ESTALINISTA

Gente informada, como Charles M. Blow, columnista del *New York Times*, sostiene que las cancelaciones no existen. O que confundimos el ejercicio de la crítica con unas persecuciones mitológicas, que solo existirían en la victimista fantasía de unas élites acostumbradas a opinar sin rendir cuentas. Para Blow y otros oportunistas, la cancelación no es sino la legítima reacción popular frente la vieja impunidad de los grandes figurones, inmunes para hacer y decir las mayores crueldades mientras los de abajo, ninguneados, eran incapaces de protegerse.

En la universidad, por cada Richard Dawkins, desposeído del premio de la Asociación Humanista Estadounidense, pero cuya obra perdurará, por cada Michael Shermer, látigo de *magufos*, censurado por *Scientific American*, hay un biólogo como Colin Wright, obligado a esconderse bajo una lluvia de ironías feroces y señalamientos en redes, tratado como muerto anticipado, culpable de crímenes espantosos.

A Wright lo molieron a palos tras publicar una serie de artículos en *Quillette* y el *Wall Street Journal* que hace no tanto habrían concitado la repulsión de la derecha creacionista y ahora, por esas cosas que tiene el auge reaccionario, estimulan el odio de una izquierda enemistada con la ciencia.

Alertado por el resurgimiento pseudocientífico, Wright denunció a los nuevos proponentes de la tabla rasa, convencidos, erróneamente, de que «la personalidad humana, las preferencias y el comportamiento son enteramente el resultado de la socialización». También comenzó a interesarse por la ideología de género, que «no solo invita a un trato compasivo para las personas trans (lo cual apoyo), sino que promueve afirmaciones científicamente inexactas, como que el sexo biológico existe en un espectro, que las nociones de hombre y mujer son meras construcciones sociales y que el sexo está determinado por la identidad autodeclarada en lugar de por la anatomía reproductiva».

Fue inmediatamente tachado de transfóbico. Mutó en un apestado y recibió mensajes como el de aquel amigo cercano y colaborador de investigación, que ahora es profesor asistente en una importante universidad, para informarle de que sus colegas habían comenzado a preguntarle por su relación. Me dijo que este tipo de cosas sucedían con tanta frecuencia que sentía la necesidad de denunciar públicamente mis puntos de vista para limpiar su nombre. Y eso es exactamente lo que hizo. Pregúntese qué otros movimientos ideológicos y periodos históricos tendemos a asociar con tales actos performativos».

Wright ha sobrevivido extramuros de la universidad, reconvertido en escritor y divulgador, pero su carrera académica está liquidada. No hay sitio para un biólogo evolucionista comprometido con la defensa de su disciplina en las muy progresistas universidades estadounidenses de élite, con matrículas por valor de cientos de miles de dólares y lógicamente obsesionadas con no incomodar a su concienciada clientela.

5

PIDIERON LA CABEZA
DE TEDDY BAUTISTA

Hace año y medio que la Audiencia Nacional absolvió a Teddy Bautista, masacrado por el delito, imperdonable para nuestros jetas (legión), de defender los derechos de autor. Las cancelaciones han pivotado sobre neuras morales y aquelarres relacionados con la ingle, la pigmentación o el género, pero el caso Bautista acota los sucios prolegómenos, antes de que el populismo del ambiente reclamase por sistema suprimir la presunción de inocencia.

La violencia fue tan bestial que hemos necesitado una década para celebrar sin miedo a lapidaciones un concierto de homenaje al líder de Los Canarios, productor espléndido, pionero del *rock* de los setenta, que también ejerció como generoso apoyo de gente como Miguel Ríos y Triana en sus inicios. Como me explicó en su día un buen amigo, «su historia ha quedado sepultada por la SGAE, primero por la lucha contra la piratería y el cobro a bares y bodas, y finalmente por la detención. Es algo acojonante».

Lo fue, en grado superlativo, porque en la masacre participó un populismo dopado al cubo. De un lado, la derechita valiente, libérrimamente jabalí, que detesta a los artistas por rojos o paniaguados, por las subvenciones o el teatro. A su lado, comandante, los enemigos del comercio, blogueros de toda pelambre, ensayistas zapatistas, ciclistas del ideal, persuadidos de que el arte pertenece a todos, todas y «todes» y que, en consecuencia, toca saquear los frutos del trabajo ajeno. Teddy, su muerte, por lo civil y lo criminal, fue un ensayo para los reaccionarios del mundo unidos.

Pero hubo más. Para empezar, la campaña contra los intermediarios, fueran ejecutivos de empresas de recaudación de regalías, editoriales o discográficas, periódicos o académicos, productores, editores, mánager, abogados y el resto, sospechosos de situarse entre el buen pueblo y sus artistas. O entre el lector y el político. Había que escuchar a aquellos filósofos del colectivismo y la novela a diez mil manos, autoproclamados portavoces de los internautas, cuatreros de la utopía, cuando desdeñaban la labor de unos tipos radicalmente necesarios para la creación cultural, de José Vergés y Destino a José Luis de Carlos junto a Manzanita y Las Grecas, Ricardo Pachón y Camarón y Pata Negra, Owen Bradley con Patsy Cline, Brenda Lee o Loretta Lynn, etc. No olvidemos tampoco a los listos de guardia, columnistas y afines, que jaleaban la muerte de las industrias culturales sin comprender que los siguientes serían ellos mismos a lomos del periódico. Al fondo, haciendo caja, las tecnológicas, de Telefónica a Facebook, conchabadas con los cuatreros.

Cancelado por defender a los poetas y los músicos en un ecosistema tomado por analfabetos y cínicos, con Teddy Bautista principia en España el asedio a los mejores, pionero involuntario de un carnaval contra las élites intelectuales y la excelencia que no deja de cosechar cadáveres.

Teddy Bautista, enemigo público

Pionero, héroe y, por mandato del guion populista, villano. Teddy Bautista, padrino del *soul* con Canarios —es el autor de un cañonazo del *northern soul* como «Get on your knees»—, productor, entre otros, de Luis Eduardo Aute, Triana, Leño, Nacha Pop y Topo, heterodoxo del musical en *The Rocky Horror Show* y aliado de Camilo Sesto en la revolucionaria *Jesucristo Superstar*, que llevó a escena y coprotagonizó. Autor de discos fastuosos, como *Ciclos...*, y presidente de la SGAE, que cogió en la lona en 1985 y situó en la vanguardia mundial de las entidades de gestión de derechos de autor. Hasta que la coalición entre las grandes empresas de telecomunicaciones, los apologetas del gratis total y unos medios envenenados de demagogia provocaron la gran cacería, saldada en 2011 con su detención. Fue entonces cuando un juez de la Audiencia Nacional, Pablo Ruz, ordenó tomar el Palacio de Longoria como si fuera la Hacienda Nápoles del narco Escobar. Doce años después, en marzo de 2021, la Audiencia absolvió a Teddy en las cuatro causas judiciales que tenía abiertas.

Para arrojar luz en las letrinas de la desmemoria, para contar la historia del chico que recibió el flechazo de la música vía Bill Haley, con los discos que le compraba su tío, para hablar del joven que conoció a Elvis Presley, que fue telonero de Little Richard, que vio actuar a un debutante Bruce Springsteen, que actuó en el Madison Square Garden de Nueva York a mediados de los setenta, que fue contratado por el Ayuntamiento de Nueva York para dar clases de sintetizador en el Public Access Synthetizers Studio, que fue amigo de Frank Zappa... Bautista regresó retratado en un libro extraordinario, *Conversaciones de Teddy Bautista*, del periodista Luis Lapuente, *aka* el Dr. Soul, que recoge y sintetiza cuarenta horas de conversaciones con el tipo que junto a Miguel Ríos y otros (pocos) puede (y debe) vanagloriarse de haber patentado el *rock and roll* en España.

Hacía unos minutos que Javi Martínez, el fotógrafo, había terminado de sacarle unos retratos estupendos. Entre otros, algunos en los que Teddy posaba con dos de sus guitarras. «Una había pertenecido a Lighnin' Hopkins», me explicó. «Y la otra está firmada por los cerca de treinta artistas que participaron en un homenaje que me hicieron. Interpretaron canciones mías. Lo curioso es que son canciones que hice cuando la mayoría de los que participaron no había nacido». Buena señal, ¿no? ¿Eso no significa que el repertorio sigue vivo? «Por lo menos una parte. Al menos eso espero».

—Tengo entendido que fue alumno de Little Walter, el gran armonicista de *blues*.

—Yo estaba viviendo en Nueva York, en los sesenta, y fui a verlo a un club, el Night Owl. Cuando acabó el concierto, estaba deslumbrado. Con ese arrojo propio de la juventud me atreví a acercarme y le pregunté si me daría clases de armónica. Me dijo que sí, que daba clases en el Brill Building, un edificio emblemático, con más de cuarenta estudios llenos de músicos, a los que las editoriales pagaban por componer. Así que fui allí y me apunté. Creo que tenía que pagar veinte dólares. Estuve una semana, hasta que cogí los trucos, que tampoco son tan complicados.

—En el Brill Building trató, entre otros, a Gerry Goffin y Carole King.

—Ellos tenían allí un despacho permanente, porque Carole había tenido ya un gran éxito, «Will you love me tomorrow», con las Shirelles.

—Y «Loco-motion», con Little Eva...

—Así es.

Hablar con Teddy Bautista es pasear por la historia viva del *rock* en España... y fuera. Imposible no mencionar los sonidos negros de los que fue adalid con Canarios, unos estilos que venera por encima de todas las cosas, especialmente en su encarnación sureña, la que cuaja en sellos como Stax, en Memphis, y en estudios de grabación como Fame, en Muscle Shoals. La consagración de Teddy llegaría en 1967, con la publicación del disco *Lo mejor del clan*. Después de un primer periodo en Estados Unidos, en 1965, cuando graban para RCA, Teddy regresa a Nueva York en 1971 para estudiar programación en los Bell Labs. El año siguiente, en 1972, adquiere un Mellotron y un sintetizador. En 1973 compra otro sintetizador, fabricado a medida por Robert Mogg. En 1974 lanza *Ciclos*, obra crucial para el desarrollo del *rock* progresivo en España.

—Después de una década consagrado al *soul* más carnoso, ¿cómo prende el interés por la experimentación, por la electrónica?

—Yo empecé en la música con los *Nocturnos* de Chopin, con la pianística centroeuropea. Mi madre me daba clases, era una gran instrumentista, aunque quizá no tanto una buena profesora. Pero claro, yo no me podía llevar el piano con los amigos, aunque sí una guitarra. Así que aprendí a tocarla. Luego llegó el amor por la música norteamericana gracias a mi tío, que me traía discos, y sobre todo uno, el *Rock around the clock*, the Bill Haley. Luego, cuando me fui a Estados Unidos, entré en contacto con distintas corrientes, y entre otras cosas me encontré con que había unos músicos, John Cage, David Tudor, Morton Subotnick y Philip Glass... De repente, escuchándolos, comprendí que había sonidos en mi cabeza que no había explorado, que seguramente llevaba conmigo desde que daba clases de piano con mi madre, y que estos aparatos abrían esa puerta.

—Y había conocido, en los Bell Labs, donde estudió, a Wendy Carlos.

—Entonces se llamaba Walter Carlos, sí, y había publicado un disco, *Switched on-Bach*, donde interpretaba cantatas y partitas con el sintetizador Moog. A partir de entonces empecé a pensar en hacer *Las cuatro estaciones* de Vivaldi, busqué a unos músicos muy especiales, entre otros, Antonio García de Diego, que además de mil aventuras había cantado gregoriano en el coro de El Escorial y tenía una formación enorme. También estaba el baterista, Alain Richard, que había tocado con Tete Montoliu y Lou Benet... Me cogí cuatro meses sabáticos para transcribir y escribir, para pasar de la media hora de *Las cuatro estaciones* a la hora y pico de *Ciclos*, que pretendía complementar la mirada del barroco con la de un músico del siglo XX.

—Usted es un hombre de intereses digamos que plurales... Como productor, por ejemplo, ha trabajado con cantautores como Rosa León.

—Con Rosa hice un álbum y varias actuaciones, incluyendo alguna en TVE, y trabajamos junto a Aute en el disco homenaje a Forges.

—Luis Eduardo Aute también fue una figura muy cercana.

—Con Aute me unía una comunión fraternal y estética. A los dos nos gustaban el *folk* norteamericano y la literatura del nuevo periodismo. Capote, Bukowsky, Talese, etcétera. Además, sentíamos devoción por Leonard Cohen y su intimismo musical.

—E hicieron tres LP juntos.

—Sí, y me invitó a participar en *Entre amigos* junto a Joan Manuel Serrat, Pablo Milanés y Silvio Rodríguez. Falleció cuando estábamos preparando un libro de entrevistas para la editorial Turpial, y todavía guardo más de veinte horas de conversación inéditas, bajo siete llaves y solo a disposición de su familia. Su pérdida me ha superado, como las de otros amigos, como las de Pablo Milanés, Antonio Vega o Manolo Tena.

—También fue importante su implicación en el *rock* andaluz.

—Andalucía y sus misterios me subyugaron, desde que Salvador Távora y Pepe Caballero Bonald me introdujeron a la sutileza melismática del cante jondo. Viví en Sevilla, compartiendo mánager, José Antonio Pulpón, con Paco de Lucía y Camarón, y así conocí el cante en su cuarta dimensión: El Niño Ricardo, El Niño Miguel, Anica la Piriñaca, Bernarda y Fernanda de Utrera, la Paquera de Jerez... Conocí a Enrique el Cojo, el mejor maestro de baile de la historia del flamenco, y tocamos con Los Payos. Ahí andaba Eduardo Rodríguez Rodway, quien más tarde formaría Triana, y así conocí el talento arrollador de Jesús de la Rosa y su amor por los teclados, que yo tenía como pionero de la música electrónica. Compartimos ideas e hicimos la primera grabación, que más tarde Gonzalo García Pelayo convirtió en un superéxito discográfico y musical. Por último, produje a Imán Califato Independiente, uno de los mejores grupos con los que he trabajado. Y conocí muy bien a Enrique Morente y a Javier Limón. Todavía resuena en mi memoria la magia del cante, el toque y el baile de ese pueblo en continuo movimiento.

—¿Y el *rock* urbano? Es apoteósica, por ejemplo, su participación en el concierto *Rocktiembre*.

—Fue un experimento propio del carácter periférico que el verdadero *rock* madrileño incubaba desde los barrios. Produje a Leño, Cucharada, Topo, Coz, Cráter y otros que no recuerdo. La película reunió a lo más granado del género y, al verla hoy en día, cuarenta y cinco años más tarde, todavía no se entiende qué milagro hizo posible tal experimento. Aprendí mucho de mis producidos y compartí con ellos los trucos del estudio de grabación y los arreglos sonoros. Todos esos discos suenan hoy impecables.

—¿Hablamos de la Movida? También estuvo ahí.

—Supongo que era inevitable que, como productor, probase nuevos sonidos, nuevas fórmulas y estilos. Un día me llamó Miguel Blasco, que era el director artístico de Hispavox, y me dijo que tenía un par de grupos para trabajar conmigo. Uno era Radio Futura, a los que más tarde produjo Honorio Herrero...

—¿El otro era Nacha Pop?

—Me fascinaron desde la primera escucha. Era *britpop*, más que movida madrileña, con las voces de Antonio Vega y su primo Nacho García Vega contando historias de su generación con un estilo original y al mismo tiempo clásico. Rememoré mis meses en Londres como *talent scout* de Stiff Records y encaucé al grupo en esa onda muy británica, que además era lo que a ellos les gustaba.

—El piano en «La chica de ayer» es suyo.

—Y también toqué sintetizadores en tres o cuatro termas más. De ahí pasé a Tacones, PVP, Iceberg, de Barcelona, La Banda del Tren de Asturias o Teclados Fritos de Canarias. Escribí para Ana Belén y Tara, que era la Janis Joplin de Galicia, para Angie Cat de Inglaterra, para Lennox de Jamaica y Franklin en Madrid...

A finales de los setenta Bautista había comenzado a compaginar la creación con la gestión musical. En 1978 entró en el consejo de dirección de la SGAE, de la que en 1985 fue nombrado consejero delegado y presidente. Muchos músicos españoles le deben la dignificación de su oficio. Quince años más tarde, la aventura acabó entre esputos mediáticos y calumnias atronadoras. Una década más tarde, Teddy Bautista estaba absuelto y, ay, la industria musical española prácticamente demolida.

—¿Diría que contra la SGAE hubo una colusión de intereses, de gente que quería parasitar la obra de los músicos?

—Sin duda. Y más que una conspiración, hablaría de una trama en la que participaron grupos empresariales tecnológicos con ayuda policial y judicial.

—No se olvide de los que predicaban que la cultura y el entretenimiento tenían que ser gratis.

—Los que se manifestaron en ese sentido no tenían ni idea del entorno en el que vive la industria cultural y, sobre todo, del entorno en el que viven los creadores, a los que querían despojar de sus derechos. Derechos que son el resultado de años de esfuerzo para aprender y perfeccionar su oficio, no lo olvidemos.

—¿Alguien de los medios, de los muchos que lo condenaron antes de tiempo, le ha pedido disculpas?

—Pues no, y diría que denota una cierta pobreza deontológica, porque no hay nada más elegante que reconocer tus errores.

—Quería terminar preguntándole por algunos de sus proyectos más presentes, como el regreso a *Ciclos* que es *Ciclos 4.0.*

—*Ciclos* me ha perseguido desde que en 1973 salió al mercado y todavía es un disco de culto. Era normal que treinta años de paréntesis se cerraran volviendo a *Ciclos 4.0 (El periplo de las heroínas)*, donde reúno las ideas y los estilos que más me han impactado en mi largo andar. Verá la luz después del verano y espero que tenga la profundidad y la complejidad de un legado musical denso y siempre libre.

—Por cierto, usted que tanto ha estudiado la colusión entre la música y la vanguardia tecnológica, ¿qué opina de las polémicas a cuenta de la inteligencia artificial? ¿Considera que en el futuro podría suplantar a los compositores?

—Una de las cosas que entendí desde joven, cuando asumí que la música sería crucial en mi vida, fue que a la estructura de una composición no le puedes aplicar el reconocimiento de patrones. La IA puede ser una amenaza para hacer lo que podríamos llamar música de oficio, pero no para aquella en la que el compositor vuelca sus emociones y vivencias, y donde busca una combinación que solo tiene vigencia en ese momento. Sergiu Celibidache, además de ser un director extraordinario, era un erudito de la música y estaba obsesionado con explicar por qué la música tiene este poder de encantar. El sostenía que la música no es un arte, sino un lenguaje subliminal, y como tal, es el lenguaje que usamos para conectar con los dioses.

—Un lenguaje al que sigue enganchado.

—Después de conocer a Quincy Jones, Frank Zappa, Phil Ramone y Paul Simon, entre muchos otros, solo me queda ser fiel a mi permanente curiosidad musical e intelectual. Cuando me llegue la hora, será con las botas puestas y disfrutando de lo bailado, pero, sobre todo, dueño de mis silencios y esclavo de mis palabras.

6

EDWARD O. WILSON, PADRE DE LA SOCIOBIOLOGÍA Y CANCELADO PRIMERO

Hace tiempo —cuando las cancelaciones apestaban a gulag o tenían el color oscuro de las sacristías, cuando taparle la boca al vecino no te transformaba en émulo de la Pimpinela Escarlata y ni al más enloquecido de los estudiantes con ínfulas de autócrata le parecía *sexy* convertirse en un obispo preconciliar—, un sabio, Edward O. Wilson, fue víctima de un ataque pionero. Inaugural tanto por su naturaleza, que apuntaba contra la solvencia profesional de la víctima, como por el pedigrí de los agresores, antiguos leones de la contracultura, lectores de Ginsberg, que lloraban por el destino de las ballenas mientras tomaban los mismos campus donde un día protestaron contra el Pentágono. La radioactividad que descorchó el linchamiento de Wilson, lejos de atemperarse, pudriría el futuro.

Todo empezó en 1978, cuando un grupo de exaltados, coreando «¡Wilson, racista, no puedes esconderte!» y «¡Estás acusado de genocidio!», asaltaron el aula donde se disponía a impartir una charla. El profesor de Biología, padre del concepto de biodiversidad, ángel custodio del movimiento conservacionista, mirmecólogo de prestigio mundial, posiblemente el mayor experto en hormigas del siglo XX, destacado heredero de Charles Darwin, venía de poner en pie, en 1967, la biogeografía junto a otro colega, Robert MacArthur.

Pero los problemas llegan con sus trabajos sobre el comportamiento social y la indagación en su sustrato biológico. Son la llave, en 1975, a otra síntesis revolucionaria, la sociobiología. Una pieza esencial para la voladura del mito rousseauniano desde unos postulados científicos infinitamente más sofisticados que el pueril determinismo que le atribuyen sus enemigos. Con su obra, Wilson borra tanto las coartadas de la progresía como las apelaciones religiosas a una supuesta ánima. La selección natural, rectamente entendida, imanta e influye en nuestro comportamiento, nuestra psique y, oh, nuestras nociones morales. Unos y otros, los misioneros laicos y los santos de guardia, pidieron hora para cortarle el cuello.

La suerte de Edward O. Wilson fue vivir su incipiente martirio antes del imperio de las cloacas digitales. Pero los intentos por machacarlo, incluso después de muerto, siguen. El penúltimo, patrocinado por dos investigadores, Stacy Farina y Matthew Gibbons, que lo acusaron de racista por defender en varias cartas a un colega, Philippe Rushton. Por muy gigante que fuera en lo suyo —y lo fue en buena medida porque trabajaba en otro tiempo, menos contaminado de moralina en la academia—, hoy Wilson habría necesitado volcar sus estudios en una trinchera como el *Journal of Controversial Ideas*, la revista fundada por Peter Singer, Francesca Minerva y Jeff McMahan, una publicación nacida para que los investigadores, protegidos por el anonimato, compartan sus ideas más audaces sin miedo a represalias.

7

PAULA FRAGA, CONTRA EL BORRADO DE LAS MUJERES

A la abogada y divulgadora Paula Fraga (Lugo, 1988), especialista en Derecho Penal y de Familia, la han paseado en redes sociales por defender que los nacionalismos españoles, del catalán al vasco, aspiran a extranjerizar a millones de conciudadanos, así como por criticar las *maguferías* de la ideología de género y dar la cara por las mujeres bajo el humillante yugo multicultural.

Feminista ilustrada y jacobina, le chaparon las cuentas de Twitter tras denunciar el caso de Lia Thomas, un varón autoidentificado como mujer que empezó a competir en categorías femeninas de natación de Estados Unidos, pasando del puesto 422 al 1.

Entre sus odiadores habituales no falta ni uno de los nombres de nuestra izquierda retrógrada, *posmo* y caniche, puro *establishment* a cargo del presupuesto. Ya no creen que todos seamos iguales. Son fetichistas de la identidad y racistas de manual. Te aborrecen si rememoras la balada revolucionaria: *Unité, indivisibilité de la République. Liberté, égalité, fraternité ou la mort.*

Su caso resulta instructivo para quienes niegan la existencia de las cacerías, acosadores de manual especializados en ridiculizar y ningunear a sus víctimas. Las amenazas comenzaron en 2018, cuando publicó un artículo dedicado al tema transgenerista, donde advertía sobre las implicaciones prácticas de una legislación que vulnera los derechos de las mujeres y supone un maltrato a la infancia. «Fueron dos o tres días de muchísimo acoso», recuerda, «de muchísimos insultos». El movimiento transgénero actúa de forma sectaria y virulenta con las feministas».

En la Alianza contra el borrado de las mujeres, que aglutina cientos de organizaciones y donde hay juristas, psicólogas, periodistas, etc., avisan del régimen sancionador adosado a la Ley Trans, con multas de cientos de miles de euros, por ejemplo a los profesionales de la salud que no dispensen desde el primer minuto una terapia afirmativa para cualquier menor que quiera transicionar. Auténtica ley mordaza, arrollará a quien contradiga sus mandamientos.

Pero no todos los aullidos están relacionados con la extravagante voladura de la definición sexual por parte de la peña tabla rasa y su negación de lo femenino y lo masculino, que de paso dinamita la condición biológica de la disforia, confinada en las nieblas de la autosugestión. También fue amenazada por apuntar contra las prácticas barbáricas que afectan a las niñas gitanas y musulmanas, sometidas a los únicos patriarcados realmente existentes en Europa.

Por explicar que la costumbre gitana del pañuelo es una monstruosidad, que implica introducir un trapo por la vulva y vagina de las niñas para comprobar si son vírgenes, la tacharon de facha, ultra y «gitanófoba», «que es ya el colmo, porque yo lo que hacía era defender a las niñas gitanas».

8

TREINTA MIL TIPOS ACUSARON AL PSICÓLOGO CHARLES NEGY DE FACHA Y NEGRERO

En 2019 el odio con hábito de santidad paseó por las aulas de la Universidad Central de Florida (UCF), una institución pública. No cejó hasta lograr el despido de un profesor. Lo habitual en unos jardines tomados por unos tipos que fantasean con linchamientos.

Charles Negy, psicólogo clínico, especializado en el estudio del bienestar psicológico de las minorías étnicas y sexuales, fue acusado de proferir «comentarios racistas abominables». Una marea formada por estudiantes y burócratas lo culpaba de actualizar el KKK. Reunieron 30.000 firmas. Dejaron tieso a un rectorado que venteaba su propia crucifixión.

El jolgorio comenzó cuando el psicólogo tuvo la (in)feliz idea de opinar en un tuit que «el "privilegio negro" es algo real» al tratarse de un colectivo incriticable. Más allá de la transferencia de recursos y la discriminación laboral positiva, juzgaba contraproducente la incapacidad para encarar reproches. El blindaje hace de los negros de Estados Unidos, y en general de cualquier grupo, un colectivo intelectualmente inmunodeprimido.

Negy también era culpable de transfobia por cuestionar los fundamentos teóricos de la «ideología de género». En la cuenta de change.org que pedía su cese, los redactores del pliego reconocían que tenía «derecho a la libertad de expresión, pero no a deshumanizar a los estudiantes de color y otros grupos minoritarios, lo cual ocurre con regularidad en su aula».

El rector, Alexander Cartwright, explicó en los papeles que la Primera Enmienda de la Constitución, que protege la libertad de expresión, le impedía despedirlo. La universidad abrió entonces un buzón de quejas. Por si algún estudiante creía haber experimentado un comportamiento abusivo o discriminatorio del profesor durante los últimos quince años. No necesitaban dar su nombre. Llovieron aullidos. Días más tarde Negy fue acusado de acoso y discriminación por motivos de raza, etnia, origen nacional, orientación sexual, religión, sexo, identidad/expresión de género y discapacidad.

Según su abogada, Samantha Harris, la UCF lo sometió a un interrogatorio kafkiano, «sin eliminar las innumerables acusaciones que obviamente eran solo críticas a su elección de material didáctico, sin fundamentar ninguna de las acusaciones y haciendo repetidamente variaciones de la misma pregunta». El interrogatorio se prolongó durante nueve horas, dividido en dos días.

Negy fue despedido y, dos años después, la justicia obligó a que lo restituyeran. Harris celebró en el *New York Times* la decisión como una «derrota del muéstrame al hombre y te encontraré el crimen que asusta y silencia a tanta gente». «Estos casos», añadía, «tienen un efecto escalofriante, ya que la mayoría preferiría callar antes de pagar el precio del profesor Negy por decir lo que piensa». Muchos lamentan su regreso. No hay paz, piedad o perdón para la libertad de cátedra en unos campus hechizados por el fulgor de las teas.

9

IAN BURUMA, CASTIGOS
QUE NUNCA PRESCRIBEN

Cuando en 2018 el escritor Ian Buruma fue obligado a dimitir como director del *New York Review of Books*, hubo grandes celebraciones entre los gendarmes de la moral homologada, convencidos de que la muerte civil del autor de *Asesinato en Ámsterdam: La muerte de Theo van Gogh y los límites de la tolerancia* (2007) fortalecería la causa de la emancipación femenina. El cómo llegaron a semejante deyección se explica por su fatal aptitud para confundir su exclusiva libertad con la de todos y su aguarrás ideológico con una suerte de religión unánime.

Que Buruma fuera un pionero en la denuncia del fundamentalismo religioso, aunque con unas precauciones que hoy suenan angélicas por ingenuas, no multiplicó su popularidad. Menos aún cuando en un número de la revista incluyó un artículo de un locutor, Jian Ghomeshi, que fue acusado de acoso y maltrato por una veintena de mujeres en 2014. Absuelto de cuatro delitos, Ghomeshi llegó a un acuerdo extrajudicial en el quinto, aunque la justicia canadiense tampoco encontró «fundamentos razonables» para considerar que se hubiera cometido delito alguno. En su pieza reflexionaba sobre los castigos imprescriptibles, cuando al acusado, juzgado y condenado no le queda más salida que el suicidio o, con suerte, el exilio interior. Ghomeshi también escribía sobre el perdón, la culpa, la soledad, el sexo, el machismo y, de paso, sobre la naturaleza de unas fatuas morales que cruzan océanos de tiempo, como los vampiros de Coppola.

Entrevistado por la revista *Slate*, que lo interrogó por dar voz a un apestado, Buruma dijo lo que cualquier adulto sin dodotis: «No soy juez de los aciertos y errores de cada acusación. ¿Cómo podría serlo? Todo lo que sé es que [Ghomeshi] fue absuelto por un tribunal de justicia y no hay pruebas de que haya cometido un delito. Acerca de la naturaleza exacta de su comportamiento o del grado de consentimiento que hubo [en las prácticas sexuales por las que fue acusado], no tengo idea, ni me importa. Mi preocupación es qué le sucede a alguien que no ha sido declarado culpable en ningún sentido penal, pero que tal vez merece el oprobio social, y cuánto debe durar dicho oprobio, qué forma debe tomar, etc.».

Es lugar común sostener que los cancelados todavía respiran. ¡Qué cancelaciones ni qué brujo muerto si ayer mismo leí algo suyo! Alguien debería explicarles, como hizo en su día Verónica Puertollano, que la cancelación de Ian Buruma es, además, un asalto contra la autonomía de los medios, con los anunciantes camuflados por el qué dirán y los directivos amenazados por el dedito (exterminador) de unos anónimos abajofirmantes que, en los casos más estupefacientes —véase lo sucedido con James Bennet, exjefe de opinión del *New York Times*—, fueron los propios compañeros de redacción, animados por una inclinación despótica reactiva a la hipótesis de una prensa independiente.

10

PROHIBIDO ESCUCHAR
A MICHAEL JACKSON

La muerte, en enero de 2023, de la hija de Elvis Presley, Lisa Marie, devolvió a los periódicos el recuerdo de su exmarido, Michael Jackson, cuya extinción sacudió los guetos negros de Estados Unidos como ninguna otra desde que velaron a James Brown en Harlem, en un ataúd de oro sobre el escenario del Apollo. Jackson lleva algo más de una década por las alcantarillas. El oprobio se hizo denso alrededor de su nombre y sus discos, extirpados de las emisoras. Las acusaciones de abusos sexuales a niños lo perseguirán con independencia de lo que pudieran sentenciar los jueces.

Vale que Jackson nunca puso demasiado fácil quererle. La imparable combinación de una infancia demencial, las humillaciones de una adolescencia genuflexa al estrellato, el torbellino de un triunfo caníbal, fueron parejos al cultivo de unas excentricidades propias de un bicho muy raro, recluido en su particular cámara de eco, rodeado de sicofantes y exprimido por una procesionaria de familiares quebrantahuesos, con el ídolo hasta el culo de benzodiazepinas. Michael vivía preso de su mesianismo. Obsesionado con el triunfo comercial de *Thriller*, que nadie, tampoco él, podrá igualar. La actual monomanía con las ventas (véase el churro de Shakira a cuenta del deportista ese), tan dada a confundir pulso creativo y números, calidad y rebajas, le debe mucho a la obsesión del genio pálido por la cantidad de discos despachados y otros récords mercantiles propios de gerentes.

Leaving Neverland, el documental que certificaba el historial pedófilo de Jackson, resultó ser un bodrio. Un docudrama de parte, que solo daba voz a los agraviados y no ofrecía ninguna prueba más allá de las viscosas apelaciones a la sentimentalidad de la audiencia. Que Michael Jackson andaba bastante grillado lo sabía cualquiera. Pero las acusaciones que algunos vertieron jamás llegaron a sustanciarse en los tribunales. Da igual. En los días de los juicios sumarísimos, sin principio, freno o finales, no importan los hechos, solo marcar paquete solidario y altruista... lucrativamente concienciado.

Crucificamos a partir de rumores. Hemos saltado de unos ropones que juzgaban la moralidad de la obra, *Lolita*, *El amante de Lady Chatterley* o *Aullido*, a poner el foco en los bares, la lupa en los jergones. Como si para disfrutar de los cuartetos de Beethoven, que tanto machacó a su pobre cuñada, o de las pinturas de Caravaggio, que mutilaba y asesinaba, tuviéramos que pedir disculpas. Cunde la idea de que uno no puede empaparse de una obra si no acompaña al autor por sus callejones domésticos y sus dramas mediopensionistas. En el papel de verdugo destacan las editoriales, los estudios de cine, las radios y televisiones, rendidos como conejos ante el zumbido del miedo. Hemos confundido la defensa del débil con la enésima cruzada contra el pecado.

11

CAMILO DE ORY, CAZA Y CAPTURA DE UN «TUITERO PSICÓPATA»

Al humor sin claustrofobia, red ni pastillas ya solo querrán dedicarse los locos. Espadachines sin aprecio por su propio cuello, émulos de los Monty Python en el foso de las lapidaciones o Groucho Marx con traje de amianto. Así, el poeta, novelista, músico y humorista Camilo de Ory, autor de libros como *Por qué solo beso a las estatuas* (Renacimiento) y *Ser incisivo y molar* (Pez de Plata), al que los santones en los platós tratan de sádico por atreverse a hacer chistes con el niño Julen, ya saben, despeñado en un pozo y con las cámaras acampadas a la salida, en plan *El gran carnaval*, por cuanto el *share*, flor de detritus, florece vigoroso entre los muertos.

Vale que a mí los chistes de Camilo no me hicieron gracia. Pero es que yo odio los chistes. Y luego, tal y como escribía hace poco un amigo suyo, uno puede aborrecer el humor negro o deplorar la supuesta falta de compasión o juzgar como abyectas determinadas coñas. La cosa no va de que usted o yo riamos, sino de proteger la libertad de expresión, decisiva en unas sociedades que necesitan, como el aire que exigimos trece veces por minuto y etc., la opinión sin bozales y la crítica emancipada de obediencias (debidas).

Que un Nacho Abad, de profesión Lombroso, te ponga a escurrir en televisión, pues oiga, va en el sueldo. Más grave parece que los jueces compren el bodrio de los predicadores catódicos. Que condenen al autor de unos chistes, en este caso Camilo, por el artículo 173.1 del Código Penal: «El que infligiera a otra persona un trato degradante, menoscabando gravemente su integridad moral, será castigado con la pena de prisión de seis meses a dos años». Sepan que el 173.1 existe para golpear a quien tortura. Desde la condena de Camilo, y antes de Jerónimo García, también funciona para enchironar humoristas.

Le he escrito a Camilo. «¿Qué le parece la sentencia?». «Además del hecho obvio de que se sienta un precedente terrorífico, el 173.1 es un artículo que hasta ahora solo se había utilizado para juzgar casos de tortura. Aplicar extensivamente el tipo para penar chistes malos o acciones reivindicativas como la de los Homo Velamine es forzar la norma con un fin espurio y obligar a la gente antes decente a utilizar palabras como espurio». «¿Qué opina del tratamiento mediático del caso?». «Me parece rentable. Fingir durante dos semanas que un crío muerto está vivo para sacar pasta es una maniobra comercial desprejuiciada que haría sentirse pequeño a Shylock. Poner después el grito en el cielo porque alguien hace chistes sobre el mismo tema para seguir llenando páginas es un golpe maestro que no habría dado ni William Randolph Hearst en su día más amarillo».

Para entender la aberración lean esto que escribe el propio Camilo: «Siguiendo la recomendación de Jerónimo García, voy a solicitar a la juez que incremente mi pena, aplique la ley del Talión y cambie la sentencia por la de que un desconocido haga chistes sobre mí. Será duro, pero es la única manera de que aprenda la lección». Bienvenidos todos al desfase punitivo de un tiempo terminal, cuando aplicar la ley del Talión luce como una posibilidad francamente benigna. Casi, o sin casi, un verdadero chollo.

12

RYAN ADAMS, DEL ORO AL FANGO SIN REDENCIÓN POSIBLE

Ryan Adams (1974) lo tenía todo. El talento, el carisma, las canciones a chorro, empaque de estrella y una pupila heredada de Neil Young y Bob Dylan. Nuestro rockero *indie*, fastuoso de inspiración, había entregado dos decenas de discos imparables, desde los pálidos días en que fue un tigre del *alt-country*. Lo suyo no era una notoriedad plastificada. Traía cosido al amplificador un bramido forrado de guitarras como chupinazos y letras de óxido. También era un borrachuzo y un drogota. Un tipo encantado de haberse conocido. Acostumbrado a los privilegios del gremio, encapsulado en su Camelot frente al Pacífico.

Hasta que en 2019 el *New York Times* publicó un artículo donde varias mujeres, incluida su ex, Mandy Moore, y la cantante Phoebe Bridgers, a la que apadrinó, lo acusaban de comportarse como un tirano y de amenazar con dañar sus carreras si no accedían a sus caprichos. Lo más devastador fue el testimonio de una menor de edad, Ava, que aseguró haber intercambiado mensajes de contenido sexual con el músico. El FBI del sur de Manhattan abrió una investigación y el Me Too decretó que Adams era Satanás reencarnado. Las neomonjas hablaron de masculinidad tóxica y abusos emocionales.

Adiós al contrato discográfico con Capitol, que dejó en el limbo tres discos listos para publicar. Adiós a las giras, inmediatamente canceladas. Los amigos dejaron de responder. Los músicos de confianza desaparecieron del radar. Su mánager rompió su contrato..., no sin antes publicitar los mensajes telefónicos de un Adams enronquecido de angustia, que clamaba por recuperar su carrera.

Hace ya cinco años del hundimiento. El FBI cerró la investigación por falta de pruebas en 2019. En 2021 *Los Angeles Times* publicó una entrevista extraordinaria, firmada por Steve Appleford, la primera en dos años. Adams le explica que llegó a recuperar el contacto con Ava, que para entonces ya tenía veinte años. Ella entregó una declaración escrita: «No fui sincera sobre mi edad en mis mensajes de texto y comunicaciones con Ryan y le dije repetidamente que tenía dieciocho años. Contrariamente al artículo del *New York Times*, Ryan y yo participamos libremente y por igual en textos de naturaleza sexual entre nosotros... Ryan es un buen ser humano y mi único deseo es que ambos hayamos aprendido de esta experiencia».

En aquel reportaje también hablaron dos *roadies* del cantante, dos mujeres, que lo han acompañado en numerosas giras. Sostienen que sus *tours* fueron siempre un ejemplo de respeto. Las dos, por cierto, hablaron a condición de no dar sus nombres: temían ser represaliadas por las escuadras del Me Too.

Para los defensores de la ordalía popular los contrapesos judiciales molestan. Entorpecen su afán por condenar por los pecados del mundo y no por los (presuntos) delitos del individuo. Adams sigue sin discográfica. Nadie quiere ser el primero en rehabilitar a un hombre marcado. ¿Y los periodistas culturales anglosajones? Escondidos bajo la cama, no sea que los pongan firmes con un exorcismo en redes, de esos que dejan tiritando la publicidad del medio. Pocos gremios más colmados de *bienquedas*, tibios y cobardes.

13

BOGHOSSIAN Y LA CULTURA DE LA VIOLACIÓN (CANINA)

Peter Boghossian, filósofo, profesor en la Universidad de Portland, estaba especializado en charcos radioactivos. Dedicaba sus clases a discutir, entre otros quilombos, el escepticismo científico, el ateísmo y la moderna pedagogía. La filosofía de la educación, la ciencia y la pseudociencia formaban parte del menú de un pensador entrenado para arrostrar asuntos crudos. Como buen humanista ilustrado colaboraba con el Center for Inquiry, la Richard Dawkins Foundation for Reason and Science y la Secular Student Alliance. Por su aula desfilaban chamanes y homeópatas, cristianos renacidos, fundamentalistas musulmanes, activistas del esotérico Occupy Wall Street y otros felices ejemplares de la poliédrica comunidad de reaccionarios modernos, dispuestos a debatir con sus alumnos.

En 2017 Boghossian, junto con otros dos profesores, James A. Lindsay y Helen Pluckrose, replicó el «escándalo

Sokal», que tuvo lugar cuando, en 1996, el profesor de Física en la Universidad de Nueva York, Alan Sokal, envió un artículo trampa a una de esas revistas *boutique*, consagrada a los estudios culturales, que proliferan en la academia. El *paper* de Sokal, «Rompiendo los límites: hacia una hermenéutica transformadora de la gravedad cuántica», contenía suficientes pomposas idioteces para encantar a sus editores. Con prosa esdrújula y ñoña pirotecnia verbal propuso que la gravedad cuántica es un constructo. Como la determinación primaria del sexo, que en los mamíferos fue cromosomal hasta hace tres días y hoy es propaganda. El papelajo de Sokal fue publicado con grandes elogios.

Boghossian, Lindsay y Pluckrose enviaron veinte artículos desquiciados. Los estudios poscoloniales, la teoría *queer*, el feminismo interseccional o las disertaciones sobre el género formaban parte del listado de conjuros posmodernos que tenían en la mirilla. Cuando el bromazo fue descubierto, ya llevaban tres publicados y otros cuatro habían sido aceptados. Uno, que publicó la revista *Gender, Place & Culture*, disertaba sobre la «cultura de la violación entre los perros» y demás ejemplos del heteropatriarcado canino. Otro, dedicado al machismo y publicado por la revista feminista *Affilia*, consistía en párrafos literales del *Mein Kampf* de Adolf Hitler, sustituyendo a los judíos por hombres y a los arios por mujeres. *Sexuality & Culture*, por su parte, publicó un estudio bautizado «Entrando por la puerta de atrás: Desafiando la homohisteria masculina heterosexual y la transfobia a través del uso receptivo de juguetes sexuales con penetración».

Por exponer la facilidad con la que los oficiantes de la chatarra *posmo* trafican con supersticiones, la Universidad de Portland sancionó a Boghossian. Le obligaron a apuntarse a cursos de reciclaje mental y formación del espíritu. Le prohibieron investigar hasta que no aprendiera a comportarse. Fue machacado de todas las formas imaginables. Terminó por renunciar a su plaza de profesor. En su carta de despedida escribió: «Nunca he creído que el propósito de la enseñanza sea conducir a mis alumnos hasta una conclusión particular. Al contrario, he tratado de crear las condiciones para que desarrollen un pensamiento riguroso, ayudándolos a obtener las herramientas necesarias para buscar y forjar sus propias conclusiones (...). Pero la universidad ha hecho imposible la exploración intelectual. Han transformado un bastión de la investigación libre en una fábrica de justicia social cuyos únicos estímulos son la raza, el género y el victimismo, y cuyos resultados son el agravio y la división». Cuando las ideologías y el activismo entran por la puerta, las ideas saltan por la ventana.

14

TENEMOS QUE HABLAR DE RITA (BARBERÁ)

Que hubo y habrá cancelaciones más allá de los afanes *woke* resulta tan evidente como que detrás de la puesta en escena aniquiladora casi siempre asoma el aguijonazo santurrón. Un arrebato idealista o místico para justificar con palabras esdrújulas la destrucción del individuo. Uno de los más sonados, por laboriosos y mezquinos, fue el de la política Rita Barberá, que falleció en 2016 de un infarto, devorada por la cirrosis, en una habitación del hotel Villa Real de Madrid, frente al Congreso de los Diputados, después de cenar una tortilla francesa y un *whisky*. Poco antes había sido citada a declarar como imputada ante el Tribunal Supremo por un presunto delito de blanqueo de capitales relacionado con la financiación ilegal del partido. Ahogado por los escándalos, el PP, que Barberá ayudó a fundar en Valencia, dio por buenos los indicios y la obligó a darse de baja de forma ignominiosa. Un escándalo previo, conocido como *Ritaleaks* y jaleado por Compromís y la inefable Mónica Oltra, pluscuamperfecta campeona contra la depravación ajena, quedó en nada. Si es que por nada podemos asumir el lucir para la historia como emblema de un tiempo averiado.

Ahora que nuestras desnortadas feministas anuncian otro 8-M amazónico de pamplinas *magufas*, recordemos que Rita Barberá ejerció durante veinticuatro años de alcaldesa en Valencia. Que encadenó mayorías absolutas con una facilidad solo comparable a la de Felipe González en la década roja. Su nombre fue sinónimo de Valencia. Su trayectoria luminosa, esculpida sin cuotas, lejos de las agarraderas de los siniestros *lobbies* y el trabucazo de la discriminación positiva, desmiente, por autosuficiente, carismática, victoriosa y rotunda, la caricatura de las mujeres que no encajan con el credo de la izquierda. Su caída profesional y vital, de una brutalidad pocas veces contemplada, puede explicarse por la sostenida ignorancia de la presunción de inocencia, que ya anunciaba la pleamar populista, cuando los políticos más pringosos, y los medios más buitres y arrastrados, pasaron a confundir las garantías procesales, benditas sean, con una especie de burladero o bula que taconea al compás del crimen.

Pocas personas murieron más solas que Rita Barberá, muerta de muerte civil, toda vez que la nueva política, aquel vaciado del molde democrático, justificó estigmatizar a la gente en base a habladurías, cintas de vídeo y sospechas. La maniobra arranca con los discursos de odio enarbolados por Pablo Iglesias, coge velocidad de crucero con las demagógicas naderías de aquel Rivera que quiso ser feliz y se consagra merced a la embriagadora jeta del bipartidismo, interesado en sacudirse la sombra de la mutua putrefacción mediante una lotería humana de compañeros previamente amortizados.

Pocas cosas más fraudulentas, oportunistas y recalentadas que este afán reciente de quienes entonces la crucificaron por reivindicar a una Rita Barberá obligada a asumir su presunta condición monstruosa para que otros pudieran seguir medrando. Contemplar cómo la actual dirección de su expartido vocea su nombre en los mítines provoca una sensación muy próxima al sonrojo.

15

LOS VERSOS SATÁNICOS Y EL OJO
DE SALMAN RUSHDIE

Allá por el 14 de febrero de 1989 la emisora Radio Teherán difundió el siguiente mensaje del ayatolá Jomeini: «En
el nombre de Dios, somos de Dios y a Dios volveremos.
Estoy informando a los valientes musulmanes del mundo
que el autor de *Los versos satánicos*, un texto escrito, editado
y publicado contra el islam, el profeta del islam y el Corán,
junto con todos los editores y editoriales conscientes de su
contenido, están condenados a muerte. Hago un llamamien-
to a todos los musulmanes valientes, donde quiera que se
encuentren en el mundo, para que los maten sin demora,
para que nadie se atreva a insultar las creencias sagradas de
los musulmanes en lo sucesivo. Quien muera por esta causa
será mártir, si Dios quiere. Mientras tanto, si alguien tiene
acceso al autor del libro, pero es incapaz de llevar a cabo la
ejecución, debe informar a la gente para que sea castigado

por sus acciones. Que la paz y las bendiciones de Alá estén con ustedes».

Decía Félix Ovejero que el hecho de que todas las religiones jugueteen con el anhelo de exportar sus creencias no invalida que algunas parezcan más interesadas que otras en acortar los plazos para que el descreído alcance el más allá. Y como escribió Norman Mailer, la fatua contra Salman Rushdie introdujo un elemento novedoso en la historia de la teología: la lógica de las organizaciones mafiosas. Un contrato por matar a un hombre, con independencia de que el asesino pertenezca o no a la familia.

Los versos satánicos fueron prohibidos en trece países. No cuento nada nuevo si rememoro que el traductor al italiano, Ettore Capriolo, sobrevivió a un intento de asesinato en Milán en 1991. Ese mismo año, Hitoshi Igarashi, traductor al japonés, fue asesinado en su despacho de la universidad, mientras que el editor en Noruega, William Nygaard, fue tiroteado por la espalda en Oslo. Por no hablar de la carnicería de Sivas, en Turquía, que buscaba al traductor al turco y acabó con treinta y siete muertos. Finalmente, en 2022, Rushdie fue apuñalado en el cuello, el pecho y el rostro durante una conferencia en Estados Unidos. Perdió un ojo. Antes del crimen llegaron Saramago y Cía., pioneros en el difícil arte de justificar cancelaciones, para congraciarse con los potenciales asesinos y explicarnos que está muy feo bromear sobre los dioses y que esto de la palabra desnuda es un lujo solo al alcance de los ricos. Recuerden el escándalo con las caricaturas del profeta, convenientemente satanizadas por nuestros *bienque-*

das de guardia, siempre atentos a proteger al verdugo en el nombre de las víctimas.

Para los chiitas, para los capellanes en general, Occidente flojea al renunciar a cualquier tipo de trascendencia. En su opinión somos un hatajo de relativistas, con los muelles del placer y el cinismo flojos, incapaces de morir por una causa, buena, mala o mediopensionista. Puestos a elegir se me ocurren pocas más nobles, necesarias y urgentes que la libertad de expresión. El ojo de Salman Rushdie es el justiprecio que pagó un hombre honrado por defender su derecho a la ofensa, a pensar en libertad, a escribir a la contra y a no dejarse ahormar y asustar por los tratados de urbanidad y buenas costumbres que defienden los canceladores desde que el mundo es mundo y existe la hoguera, la hoguera, la hoguera. Si el gremio en que me muevo no fuera uno de cobardes, cada Día del Libro debería arrancar con un puñado de escritores leyendo en público *Los versos satánicos*. Pero claro, no.

16

FRANCISCO CAMPS, VIVO
O MUERTO

Hacía frío. La fiesta había colapsado. España arrastraba una resaca espléndida. Alguien tenía que pagar por las horteradas inverosímiles, la frustración, la ruina al galope y los cientos de pufos. Este es uno de los posibles modos de explicar la cacería. También podríamos aludir al sectarismo, que bombea caliente por nuestras venas. O a la apetencia de corroborar los sesgos ideológicos, incluso contra toda evidencia. O al deseo de dulce venganza, coaligado con la crueldad, tan presente en nuestro cableado de monos con posibles. O a la pereza, que proscribe documentarse, no sea que. Incluso podemos aludir a la mala hostia apostólica, inseparable del discurso en redes, siempre a costa de eviscerar a unos cuantos peatones. Todas las hipótesis valen. Resultan sugestivas y plausibles. Aunque ninguna cuenta demasiado. Ni siquiera la siempre socorrida conspiración, que conduce al centro del abismo neuronal por la vía de hacer cambalache con el *blandiblú* de lo verosímil. En realidad, para matar a Francisco Camps sobraba con adosarle lo que otros robaron.

El expresidente de la Generalidad Valenciana acumula once años de juicios y absoluciones; 169 portadas en *El País* por cuatro trajes que pagó de su bolsillo; un libro extraordinario de Arcadi Espada, *Un buen tío*, que documenta cómo el populismo y la posverdad liquidan a los hombres, y un último juicio, estos días, por una causa previamente juzgada y de la que ya fue absuelto. Que demuestre que no hizo mal, cantan a coro los buitres justicieros, virtuosos como asesinos. Todo sostenido por un clima moral encanallado, de causa general abierta 24 horas y bisbiseos por las esquinas de platós y corralas, suponiendo que haya alguna diferencia entre cloacas.

Camps, sentencien como quieran estos días los jueces españoles, jamás saldrá desinfectado de su culpa. Los antecedentes noticiosos, las llagas mediáticas, lejos de caducar, sobreviven, procrean y engordan, dichosas cucarachas adosadas a la conversación *wiki*. Su resiliencia tiene que ver con la proteica capacidad de las mentiras para servir a otros ruidosos fines.

Pregunten, pregunten por su escalera. ¿Francisco Camps? Culpable. ¿De qué? Da igual. No tiene otro emblema, otra sentencia, hado ni oficio. De profesión, fiambre. Leproso en busca y captura. Una matanza así no habría sido posible sin las 169 portadas. Un número de *covers* incluso superior de las que *El País* dedicó al 11-S. Aunque sería necio ignorar que, en el resto de las redacciones, la disposición no fue mucho más decorosa, decididos tantos oficiantes a pisar rasante, que la cosa, o sea, quema y salpica.

La complicidad por omisión de los medios engrasa el mecanismo vírico de las cancelaciones. A Camps lo fusilaron a placer porque los depredadores, criaturas oportunistas, detectan los espasmos del débil y la sangre descorchada a su paso. No hay como transformar a un hombre en arquetipo para que luego pague, perro. Las acusaciones, emancipadas de la realidad y los hechos, descienden de una genealogía rastreable. Emparentan con el rencor social y beben de los apriorismos. Y entroncan con la necesidad de saciarnos con víctimas previamente seleccionadas. El juego consiste en aplacar la estupefacción por todo lo malo que nos pasa mientras los dioses, malditos sean, se niegan a respondernos.

17

ODIAR A STEVEN PINKER

La concesión a Steven Pinker del Premio Fronteras del Conocimiento, de la Fundación BBVA, nos devuelve a un intelectual comprometido con el diálogo entre el humanismo y las ciencias de la naturaleza, defensor de los blasones ilustrados y látigo de cenizos y plañideras, todos ellos amamantados en los pechos de una izquierda desnortada. Tachar a Pinker de ingenuo por su defensa del progreso humano ayuda a comprender mejor los tortuosos procesos mentales de quienes prefieren masturbarse sobre un colchón de tópicos antes que contrastar datos.

Pinker, psicólogo experimental, científico cognitivo, lingüista y profesor en la Universidad de Harvard, autor de libros tan rutilantes como *La tabla rasa*, de lectura obligada frente a los negadores de la biología, ha sido objeto de periódicas campañas de laminación. Su obra nos recuerda la existencia de una realidad contrastable, canta el oratorio del empirismo y entona la balada de la objetividad analítica. Sus críticos se quieren dichosamente libres para agitar neuras y nanas ideológicas sin fotografiarse en el escáner de quien antepone la búsqueda de la verdad, amarga o no, al chute de glucosa que garantiza la propaganda. De ahí, por ejemplo, que cerca de trescientos profesores, muy conocidos en sus respectivas casas, pidieran su expulsión de la Sociedad Lingüística de América. Lo acusaban de «ahogar las voces de las personas que sufren violencia racista y sexista, en particular, inmediatamente después de actos violentos y/o protestas contra los sistemas que los crearon». Los manifiestos canceladores: una especialidad muy del gusto de los mediocres.

Entre los muchos pecados pinkerianos figuraba el de haber enlazado un artículo de Sendhil Mullainathan, experto en el estudio de la violencia urbana, que disertaba sobre las actuaciones de la Policía en Estados Unidos. Mullainathan, por ejemplo, recordaba la existencia de una «amplia evidencia estadística de prejuicios raciales graves y persistentes en otras áreas, desde los mercados laborales hasta la economía digital». «Así que esperaba que los prejuicios policiales fueran un factor importante en la explicación de los asesinatos de afroamericanos. Pero, cuando miré los números, eso no fue exactamente lo que encontré», decía Pinker. De paso, citaba un *paper* demoledor, donde leemos que «las proporciones de lesiones admitidas y mortales debido a la intervención policial por cada diez mil detenciones no difirieron significativamente entre los grupos raciales/étnicos. Las proporciones aumentaron con la edad y fueron más altas para los hombres que para las mujeres» (*Perils of police action: a cautionary tale from US data sets*). Todo esto mientras llovía azufre a cuenta de un movimiento tan retrógrado como el Black Lives Matter, mucho más cerca de Louis Farrakhan que de Martin Luther King.

Por empeñarse en tasar el mundo con las mejores herramientas, Pinker lleva años en la lista negra. Que a pesar de todo reciba premios, que imparta conferencias y publique libros no transforma las persecuciones de otros, menos afortunados, en habladurías. Pinker es demasiado grande para caer. Lo sustancial aquí es el afán por suprimir a los pensadores autónomos. La pervivencia del canadiense, al que seguimos con la emoción debida a alguien que navega sin escorarse a los bajíos de la corrección ni despeñarse a la contra, demuestra que la inteligencia todavía puede resistir frente al acoso de los meapilas y la complicidad de la internacional meliflua.

18

CONTRA WOODY

Sueñan con enterrar a Woody Allen. Como no hay forma, le dedican publirreportajes basura y queman sus contratos. También secuestran películas y boicotean sus memorias. Las empresas no actúan así por principios, de los que felizmente carecen, sino por cálculo monetario. Dado que los sectarios hacen mucho ruido, prefieren fusilar al poeta. El odio contra Woody Allen forma parte de las vergüenzas de estos años. Marcará de forma indeleble a los que por desvergüenza o miedo callaron frente al espectáculo en llamas. Gente que sienta cátedra con voz gangosa sobre todo lo que nace o muere bajo el sol, no sabe/no contesta frente a la trituradora de las yocastas mediáticas, engolosinadas con la sangre de un hombre inocente.

El diluvio empezó cuando su esposa Mia Farrow lo acusó de abusar sexualmente de una de sus hijas adoptivas, Dylan, que entonces tenía siete años. El episodio tuvo lugar durante una visita de veinte minutos de Woody a la casa de su ex. Mia estaba fuera, pero por allí había más niños, criados, mayordomos, amas de llaves, niñeras... Seis meses antes de interponer la denuncia, Farrow había descubierto que su pareja mantenía una relación con Soon-Yi Previn, de veintidós años, hija adoptiva de la propia Farrow y su anterior esposo, el músico André Previn.

Después de medio año de investigaciones, los informes forenses y policiales fueron concluyentes. El vídeo, grabado por Mia, donde la niña acusaba a Woody, solo podía ser fruto de la manipulación o la imaginación. Tanto los peritos del Child Sexual Abuse Clinic of Yale-New Haven Hospital como los detectives de Nueva York y Connecticut y los servicios sociales de Nueva York concluyeron que o bien Mia forzó a la cría a inventarse su testimonio, o bien la propia niña lo había facturado. El juez del caso estimó que no había indicios suficientes. La calumnia decayó sin ni siquiera ir a juicio...

Hasta que veinticinco años más tarde el Me Too la recupera. Si Woody Allen era o no culpable importaba mucho menos que los réditos derivados de su crucifixión. Para los campeones de la justicia popular las buenas causas merecen invertir la carga de la prueba. Los principios del engranaje jurídico civilizado conspiran contra la sonrosada aspiración de expedir justicia de forma automática. A la víctima, en este caso una niña manipulada o confundida, hay que creerla porque sí. La presunción de inocencia o el principio de contradicción, el trabajo de los abogados y las obligaciones de la fiscalía, la búsqueda paciente de las dichosas pruebas y su ulterior análisis nos demoran en la conquista del paraíso. No hay utopía sin carnaza.

Decía la escritora Camille Paglia que «ver en el movimiento Me Too a tanta mujer alfabetizada y de clase media apresurándose a emitir juicios rápidos fue algo sorprendente y espantoso. Al enfatizar las emociones grupales y la sororidad sobre los hechos y la lógica, han revivido el estereotipo dañino de la irracionalidad de las mujeres, que en su día se usó para negarnos el derecho al voto».

El Me Too consagró la criminalización del varón, ha declarado la guerra al Estado de derecho y ofrece una recompensa por la cabeza de un cineasta colosal. Con todo su genuino interés por defender a las víctimas, hace tiempo que el movimiento, y el mujerío asociado, actúa como el macartismo de nuestro tiempo, igual de viscoso, mientras un hatajo de ambiguos profesionales, listos de guardia y lúgubres oportunistas, loco por no mancharse, silba y otorga.

19

FINKIELKRAUT, RESISTENTE

No por obvia la orfandad del ciudadano antisentimental, limpio de mugre irracionalista, resulta menos dolorosa. Resulta propio de dinosaurios creer en las bondades del esfuerzo, y de desorejados fachas proponer la excelencia intelectual. Solo un kamikaze reivindica la verdad frente al dogma. Solo los apóstatas reniegan del colectivismo y su pirulí de personalidades estancas, compradas dos por uno en los fecundos grandes almacenes del victimismo *posmo*. Atrincherarse en el derecho como escudo contra la barbarie tiene algo quijotesco. Con lo bien que estaríamos, y los panfletos que nos publicarían las editoriales más modernitas y vibrantes, si reivindicáramos la justicia automática, popular o populista, capicúa; o denunciáramos el garantismo procesal y los derechos del acusado como enésima variante del *pollamanguismo* colonial y hetero (patriarcal) tra, tra.

Hablo de España, claro. O de Estados Unidos, cuna de todos los desmanes de un sesentayochismo ultraprocesado en las peores parroquias del activismo *poshippie*. Pero, más allá de la carcoma populachera, y de los brujos *blandiblú* de una academia entregada al pensamiento mágico, hay un país que todavía resiste; una aldea, en efecto, con un presidente, Emmanuel Macron, empeñado en gobernar para un pueblo de adultos y decidido a hacer lo que cree necesario, provechoso, eficaz, para el común, por más que la jauría queme su efigie por las calles. De ahí que mantenga un pulso contra lo que Félix Ovejero ha bautizado como la maldición Juncker (recuerden: «Sabemos lo que hay que hacer, pero no sabemos cómo ser reelegidos después de hacerlo»). Hablo de Francia, donde por cada Annie Ernaux enrabietada y rencorosa hay un Pascal Bruckner de mis entrañas, un Bernard-Henri Lévy más guapo que un San Luis, o nuestro cancelado de la semana, Alain Finkielkraut.

Profesor emérito de la Escuela Politécnica de París, ensayista todoterreno, calificado de polémico por quienes detestan su aguda defensa del laicismo, la igualdad ante la ley o la belleza, con varios familiares asesinados en Auschwitz pero incapaz de aprovechar la tragedia para dárselas de pobrecito o colgarse teóricos méritos untados en sangre, a Finkielkraut lo reciben a palos en su vieja facultad. Necesita escolta por publicar libros como el reciente *La posliteratura* (Alianza Editorial), donde recupera la idea de la literatura concebida como antena para captar/descodificar la violenta riqueza de la comedia humana, lejos de las bendiciones y salvoconductos del jodido activismo.

«La barbarie ha acabado por apoderarse de la cultura», tiene escrito, «a la sombra de esa gran palabra crece la intolerancia, al mismo tiempo que el infantilismo». Gigante entre un millón de enanos, látigo del narcisismo, detestado por los devotos del resquemor, le debemos libros como espadas en favor del humanismo y la literatura, la libertad y el mundo. Cuando Alejo Schapire lo entrevistó para *La Lectura*, el autor de *El judío imaginario*, *En primera persona* o *Nosotros, los modernos* denunció «la fantasía del racismo sistémico, la fantasía del sexismo generalizado, en un momento de la historia en el que las mujeres son más libres que nunca y el racismo es unánimemente o casi unánimemente combatido y repudiado. Hoy debemos tener la fuerza, primero para denunciar esta impostura y, finalmente, para resistir a esta fantasía». Cómo no van a odiarlo.

20

NEVENKA, MÁS QUE SÍMBOLO, FRANQUICIA

Hace veintidós años un tribunal declaró culpable al entonces alcalde de Ponferrada por el PP, Ismael Álvarez, de acosar sexualmente a Nevenka Fernández, concejal de su grupo en el municipio, con quien tuvo un noviazgo de cuatro meses. Cuando iniciaron la relación, Nevenka tenía veinticuatro años y Álvarez, cuarentón, había perdido a su primera mujer, Toñi, tras una larga enfermedad. La querella había sido interpuesta un año después de romper y cuando había transcurrido medio año desde que Nevenka abandonara el Ayuntamiento. Tras los hechos (aun durante) por los que sería condenado, la Bella y la Bestia habían seguido viéndose, compartiendo coche, hotel y copas. En delitos semejantes no resulta extraño que la víctima prolongue la siniestra farsa. Pero habría sido interesante que el tribunal hubiera examinado dicho periodo.

El quilombo inspiró un libro, de Juan José Millás, que releído provoca una combinación de hilaridad y rubor. Un pastelón para llegar allí donde no alcanzaba el trabajo, pico y pala, del escritor con afán de verdad. La mascarada de Capote, vaya, idéntica sangre fría, pero cambiando las fulguraciones del estadounidense por divagaciones freudianas. A base de esoterismo Millás cava una fosa (séptica).

Ismael es un cancelado de nuestra primerísima hora. Entonces fuimos muchos los abonados a la tesis bellamente expuesta por el literato. Sospecho que yo mismo escribí un par de columnas ventajistas. Pero esta pieza no va del bobo que fui, sino de quienes todavía hoy, Netflix mediante, mantienen engrasada la recreación del monstruo.

El monstruo a tiempo completo resulta necesario como némesis de la pureza. Son más de dos décadas de mitología, exprimida por lucrativas exigencias del guion: en Ponferrada, por iniciativa del actual primer edil, y en lo que constituye un ejemplo canónico de alcaldada (con agravante de electoralismo) han inaugurado un monumento a Nevenka en una rotonda. No hace mucho, en la plaza del Ayuntamiento, y como parte de una política de tematización del mobiliario urbano, han pintado un banco con los colores de la bandera trans, otro de verde ecologista y un tercero de morado feminista. ¿Adivinan qué banco ha sido el elegido para esta causa? El que está justo frente al hotel que gestiona el exalcalde. Tampoco olvido el mural con el rostro de Nevenka junto al domicilio de Álvarez, «promovido» por Netflix a instancias del estreno de la docuserie de Ana Pastor (al modo en que Pablo

Escobar felicitó la blanca Navidad a los madrileños, pero con mala baba, para que Álvarez no olvide que el derecho a la reinserción no va con él, y el de redención, menos). Por allí también ha pasado Cristina Fallarás, perejil de todos los psicodramas nacionales, para decir que cuando entonces, y desde Barcelona, lloró mucho con las noticias, pero mucho, mucho, mogollón, vamos. Un desaliento de la hostia. Y cuentan que a la que se ve últimamente en el lugar es a Icíar Bollaín, localizando para una presunta película sobre Nevenka, que más que símbolo es ya franquicia.

Un día morirá el exalcalde y veremos, cada 8 de marzo, *happenings* sobre su tumba, a mayor gloria de las bellísimas personas que somos y la facilidad con la que algunos reman a favor del viento y los clientes. No habrá canciones de las Shangri-Las ni de las Ronettes, pero descorcharán comprometidas películas de no ficción y airados monólogos. Un puro ensañamiento, mientras dure el negocio.

21

KELLIE-JAY KEEN, HEMBRA ADULTA DE SER HUMANO

Por decir que una mujer es una «hembra adulta de ser humano», por atreverse incluso a imprimir pegatinas con semejante atrocidad, la activista Kellie-Jay Keen ha sido recibida a palos durante un ciclo de conferencias en Australia y Nueva Zelanda. Por insistir en que no le parece buena idea suprimir el reconocimiento de las diferencias biológicas sexuales, los activistas trans la han catalogado de neonazi. Por declarar su amor por J. K. Rowling, la autora de Harry Potter, que tuvo la asombrosa ocurrencia de sugerir que no acababa de ver claro el uso de la expresión «gente que menstrúa» para referirse a las mujeres, a Kellie-Jay la llaman transfóbica, intolerante, reaccionaria y fascista.

Los auténticos nazis, no menos de treinta, recibieron alborozados una reciente conferencia suya en Melbourne. Pero acudieron por su cuenta, autónomos como buenos necrófagos especializados en olfatear la inminencia del escándalo. Sin entender nada, sin que nadie los invitara y sin tener ninguna relación con la conferenciante. La nauseabunda presencia de carroñeros sirvió como coartada para intentar que el Gobierno neozelandés le retirara el visado un par de días antes de la charla de Kellie-Jay Keen prevista en Auckland. De nada sirvió que ella misma escribiera sinceramente horrorizada por la proximidad de los bárbaros. Etiquetarla de nazi facilitaba liquidarla.

Digan lo que digan los cómplices del vituperio, los amigos de la censura, la balada de la cárcel *woke* no es un seguro a todo riesgo contra la crueldad de los poderosos, tampoco un chaleco de kevlar para evitar que un hatajo de acosadores y verdugos acose o insulte a la «raza de los acusados», que decía Jean Cocteau. Lo *woke*, que equipara a gente como Kellie-Jay con un ideólogo del KKK, supone asumir como infumable, o cuando menos disparatado, aquello que hace cinco minutos considerábamos evidente, desde la existencia de mujeres y hombres hasta la determinación cromosómica del sexo o el dimorfismo sexual. En nombre de la corrección, temerosos de quedarse fuera, muchos descartan la cartografía esencial con la que hace tres días todavía navegaban.

El resultado de que cualquiera, incluso los intelectuales más sofisticados, sea susceptible de recibir el tratamiento dispensado a una activista como Kellie-Jay es la completa sumisión en el mundo anglo a sortilegios pedagógicos como este que acabo de leer en la revista *Quillette*, denunciado por la escritora Amy Eileen Hamm, que alerta de que la Facultad de Medicina de la Universidad de la Columbia Británica, una de las principales de Canadá, ha publicado una guía titulada *Género y sexo en métodos y medición: kit de herramientas de equidad en la investigación*. «Puedes estudiar el VIH en hombres homosexuales», escribe Hamm, «pero solo si en tu investigación incluyes a mujeres que tengan sexo anal. Puedes estudiar los resultados de salud en los padres primerizos, pero solo si estás de acuerdo con que algunos padres han gestado y dado a luz a su descendencia. También puedes estudiar la violencia sexual dentro de las cárceles de mujeres, pero siempre y cuando entre las reclusas incluyas a todas las que anteriormente u ocasionalmente se hayan "identificado" como mujeres». ¿Mujeres, dice? ¡No sea facha!

22

DRAGÓ, LEER, VIVIR, FOLLAR

Qué espectáculo soez el desplegado por nuestros enterradores, ahítos de mala baba, a la muerte de Fernando Sánchez Dragó. Todos juntos, como eunucos, como enanos, cosidos a unos obituarios de pavo real. Con los adjetivos como alfanjes, dispuestos para el envenenamiento. Qué festival de rabia el de los francotiradores truchos, avezados en el negocio de dar matarile al muerto. Incapaces de escribir sin quitamiedos. Siempre atentos a comprobar lo que piden sus jefes, lo que ordenan los clientes, lo que bisbisean las redes. Sicarios y matones acusaron al gran burlón, narciso y genio de menorero o pederasta. A cuenta de un supuesto episodio sexual con unas adolescentes japonesas de trece años con las que Dragó habría follado en 1967, cuando rondaba los treinta. La *dragosura* (© Anna Grau) la propaga él mismo, experto en autobombo pero también en autolesionarse. Lo fabuló en un libro de conversaciones. Sonaba tan creíble como el atletismo de los dieciocho orgasmos y otras piruetas suyas del sexo tántrico. Aunque posteriormente quiso desmentirlo, ya no importaba.

Quienes conocían tanto a Dragó como al mundillo cultural de entonces comentan que no habría necesitado esconderse si de verdad le hubieran gustado las menores: de los setenta en adelante, especialmente en los ambientes de la farándula y la *borrachería* (© Ferlosio), lo de encamarse con lolitas y efebos, lo de lucir y follar en plan Henry Miller o Jean Genet, no estaba mal visto. Y ya si te bajabas a lugares como Tánger, priápico de exotismo, aullido y cielos protectores, ni les cuento.

La escritora Lucía Etxebarria, que trabajó como responsable de comunicación en la Fnac durante tres años, «cuando era el epicentro literario de la movida cultural madrileña», recordaba en Twitter que por el centro comercial «desfilaban escritores con sus novios menores de edad. No lo escondían, no había nada que esconder porque entonces no estaba mal visto. Se veía divertido y provocador». Añadió que «un escritor hoy famosísimo y muy de izquierdas también vino con su novia, que debía de tener dieciséis o diecisiete años. Él tenía unos treinta. Nadie dijo absolutamente nada». De paso, recordaba que «en la novela *Las edades de Lulú*, de Almudena Grandes, se narraba la historia de amor y sexo de una chica de quince años con un señor de treinta. A todo el mundo le pareció estupendo».

Yo no escribo todo esto porque Dragó fuera inocente o culpable, signifiquen lo que signifiquen esas etiquetas para la pastoral de los tristes, sino como contexto, urgente, para entender que aquello, una bravata más bien infantil, fue el ancla necesaria para deshonrar una trayectoria y una vida a contracorriente y un escribir feroz y generoso. Quizá porque, más allá de la cama, lo que nunca le perdonaron fue su evolución ideológica. Que dejara de ser comunista para hacerse demócrata. Un aprendizaje acometido por muchos de los mejores de su generación, que ahora impugnan los nietos iletrados.

Dragó brilló a más altura, y con más vistosidad y potencia, que la mayoría de nosotros. Derrochó esplendor, amó y fue amado. Fue excesivo, brillante, valiente polemista, niño travieso y sabio. Lo cubren de vinagre porque no soportan que disfrutara y, mucho menos, que leyera. Leer y follar son los mayores pecados para quienes odian que otros lean y follen, incapaces de navegar, en la vida y en la cama, más allá de las solapas.

23

EN LA CAMA CON PICASSO

Estando así, muerto Picasso de muerte natural desde hace medio siglo, he aquí que llega el ministro Miquel Iceta y dice que fue hijo de su tiempo y con todas las contradicciones. Suspiro aliviado. Imaginen qué lío si un señor nacido en 1881 hubiera sido hijo del 410, temeroso de Alarico y el resto de la basca visigoda. O si lejos de lucir las contradicciones de la condición humana, hija del cableado convulso y los genes guerreros, hubiera nacido instrumento de una pieza, monolítico cual tornillo, unánime como los comités ejecutivos de este PSOE eviscerado, soporífero y *bienqueda* como los discursos del propio Iceta, *apparatchik* sin más oficio que el politiqueo. Mejor aún fue escuchar, entrevistada por un Peio, a una Estrella de Diego, comisaria de una exposición, cuando va la tía, agarra y explica que no es fácil celebrar a un maltratador. Qué fuerte, tía. Le faltó razonar por qué lo fue, y dónde sitúa ella el baremo para honrar la obra.

Acaso la confusión tiene que ver con el mantra que relaciona fertilidad y talento con bondad. El pintor como modelo virtuoso para mascotas y niños. Así como los modernos profesores son más trabajadores sociales que maestros, psicoterapeutas antes que divulgadores del saber, así a los pintores, escritores, etc., ya no les exigen cuadros o novelas interesantes, sino obras, y sobre todo vidas, ejemplares. Hasta convertir en superfluo todo lo que no sea manual de resiliencia y buenas costumbres. Lo de siempre, la formación del espíritu, la forja de un beato, el camino de santidad, pero cambiando los sucios e ilegibles catecismos por nuevos abecedarios inclusivos *tutti frutti*. Igual de insoportables, pero bendecidos por los nuevos murmuradores profesionales.

Dijo un sabio que a Picasso solo le importaban su arte y su polla. Bien está. Su pasión por las tías, el embrujo de la fornicación, la pretensión de sacralizar el orgasmo y atrapar los gemidos en un fulgor de colores y formas, también el vértigo de África, las enseñanzas de Einstein o el cuelgue con Matisse animan una pintura capaz de follarse el cerebro y sexo del espectador frente a la obsesión de algunos por amansar lo salvaje, racionalizar lo irracional y amojamar su vuelo con pomadas vagamente sociológicas.

El prurito evangelista de los tristes, convencidos de que la pintura solo merece palmas cuando empuja hacia propósitos más elevados, resulta incompatible con la lengua de fuego que traspasa la obra picassiana. Más alucinada cuanto menos discursiva. Incluso cuando hace arte político es incapaz Picasso de amurallarse en el panfleto. En sus manos las grandes consignas quedan reducidas a su condición doliente, animal y humana, mientras que las naturalezas muertas, puestas a desfilar por los lienzos, son el laboratorio del doctor Frankenstein.

«Picasso es Antonio David», rezaban las camisetas de unas muchachas perfectamente ignaras, comandadas por una jeta químicamente pura. Lo buscan por canalla y bandolero. Quieren quemar al minotauro, al que atropelló la barbarie fascista con su canto a Guernica, al que asaltaba estudios y camas, por genio y por priápico. Dejó un rosario de corazones reventados y una pila de cuentas bancarias llenas. Encaja mal con los discursos pixelados de una pospospospmodernidad masturbatoria y hueca. Sus enemigos parten y reciben subvenciones. Como no se los tiró, y anda que no les habría gustado, lo cancelan. Bueno, va, lo intentan.

24

LOS MIL Y UN COÑOS
DE GONZALO GARCÍA-PELAYO

A punto de estrenar en Argentina *Tu coño*, una de las diez películas que rodó en 2022, Gonzalo García-Pelayo (Madrid, 1947) cita a *Crónica* en una horchatería de la calle Alcalá. En seis horas cogerá un avión a Buenos Aires. Siempre a la contra, su último choque con el poder ha sido con *Tu coño*, seleccionada para el festival BAFICI de Buenos Aires y, al mismo tiempo, clasificada como pornográfica por el Ministerio en España.

A sus setenta y nueve años, el hombre que produjo a Carlos Cano, María Jiménez, Lole y Manuel, Labordeta, Triana o Amancio Prada, introductor en España de Víctor Jara y Quilapayún, pionero de la radio, con programas como *Para vosotros, jóvenes* en RNE, fundador de la emisora Popular FM, liquidador de ruletas en casinos de todo el mundo, donde a él y a los suyos, el clan de los Pelayo, les cerraron las puertas tras patentar un sistema estadístico para arrasar en la ruleta, sigue tocando las narices de los curas a izquierda y derecha.

La primera película de Gonzalo García-Pelayo, *Manuela*, estrenada en 1976, fue también la primera producción andaluza de la historia y la última cinta española en sufrir la tijera del censor franquista. ¿Esperaba sufrir algo similar, en este caso recibir la clasificación X por *Tu coño*, medio siglo más tarde? «No habíamos presentado la película al Ministerio», explica, «hasta hace unas semanas, porque nos aseguraron que la nueva ley eliminaría la X. No fue así y nos la han endosado».

—A tiempo de ser el último caído de esa guerra.

—Ojalá que no. Ojalá no morir en el último tiroteo. La verdad es que la calificación te obliga a estrenar en salas X, y claro, ya no existen, con lo que ya no puedes estrenar, y al mismo tiempo limita mucho exhibir en festivales...

—Pues vaya.

—Nos meterían en el cajón. Y sin derecho a recortes fiscales. Tenemos a gente de Derecho Constitucional, entre otros Ana Valero, que está haciendo el recurso, una constitucionalista prestigiosa y autora de un libro sobre pornografía.

—Estrenaron *Tu coño* en el Reina Sofía. No parece que sea porno convencional. Porno, ya sabe, ese género fuente de todo mal.

—Ya, explotación...

—Explotación y machismo. Y de fomento a la violencia.

—Mi película no incita a la violencia contra las mujeres. La gente que dice esas cosas sobre el sexo en la pantalla no representa ni al 10 por ciento de los españoles. Tampoco creo que haya millones de personas que estén de acuerdo con el planteamiento de *Tu coño*, con los protagonistas todo el tiempo desnudos, pero en la película hay otras cosas. Empezando porque todo es ficticio. Los diálogos son leídos. Todo es una representación.

—Menos el sexo.

—Que es real.

—¿Habría sido posible rodar hoy *El último tango en París* o *El imperio de los sentidos*?

—¡Pero si incluso ven mal a Picasso! También dicen que la película es heteropatriarcal.

—¡*Vade retro*!

—Seguramente mi cine lo sea. En la línea de mis grandes maestros, ¿eh? Como Bach, John Ford o Picasso.

«Tuvimos algunos problemas con *Manuela*», recuerda García-Pelayo, «concretamente con los desnudos del personaje de Purita, con el censor sentado a mi lado, haciendo comentarios paternalistas, sugerencias, dándoselas de entendido de cine que quiere rebajar los ímpetus juveniles».

«Esto es un poco mi segunda oficina», comenta Gonzalo, abarcando con la mirada la horchatería donde atiende, la melena blanca encendida y la camisa, gruesa, ligeramente exótica bajo el sol de plomo de la tarde madrileña. Decíamos antes que en 2022 rodó nada menos que diez películas. El número apabulla, mucho más todavía tratándose de un octogenario. «Son unas películas humildes», zanja, sin ganas de dejarse adular ni permitirse lisonjas, «son largometrajes, pero cortos, y han tenido buena acogida por parte de Documenta y del Reina Sofía, ya veremos si son buenas. Un amigo me comentaba que parecen diez óperas primas de diez directores diferentes. Qué maravilla. Yo a mis amigos les digo que me conformo con que les gusten dos o tres de diez. Sería un éxito. Rara vez en un mismo festival veo dos o tres que me gusten».

Desde luego el cine de este hombre, al igual que antes su música, su apuesta por el cante jondo y las rancheras flamencas de María Jiménez o Bambino, sigue al margen del *mainstream*. Pero García-Pelayo no va de rebelde sin causa ni animal de penumbra, maldito por vocación o historia. Él quiere lo que todos, apoyo para sus aventuras, parné para financiar sus visiones. Pero no está dispuesto a negociar con sus principios ni a mercadear con sus intenciones. Las cosas son a su manera o no son. De ahí que su películas, libérrimas e inclasificables, sean reactivas al pastoreo ministerial.

«¡Pero yo también quiero apoyo!», exclama. «Mi ilusión, después de veinticuatro largometrajes, es ver si puedo hacer cine con dinero oficial». ¿Nunca lo ha conseguido? «Casi nunca. En este ciclo hubo una, *Alma quebrada*, que tuvo apoyo. Una». ¿Cómo paga entonces las películas? «Con lo que sacamos invirtiendo en criptomonedas y en el juego *online*».

Minutos antes ha consultado en el teléfono el precio de unas criptomonedas. Su equipo no ha comprado a tiempo. O no ha vendido. Cuesta entender la lógica del negocio. Pero no a García-Pelayo, capaz de emocionarse con los cantes más rancios de Jerez o discutir con enjundia sobre Truffaut y, al instante, elucubrar sobre una operación bursátil.

—¿Qué le parecen los proyectos cinematográficos que sí reciben subvenciones del Ministerio de Cultura?

—En el cine español todo es políticamente correcto. Nada ni nadie se sale del cauce

—¿Y en el suyo?

—Pues supongo que algo más, aunque tampoco es que yo tenga especial interés por ser incorrecto. Hay cosas que me gustaban, que siguen gustándome, y que ya no se llevan, con lo que de pronto me veo a la contra. Pero no tiene mérito. Yo sigo en mi sitio, donde solía, sin más interés de estar dentro o fuera.

—¿Todavía le apasiona la tauromaquia?

—Sí. Yo hice la transmisión, con Zabala y con José María García, de la retirada de Antoñete de Madrid. Todos mis amigos progres eran taurinos

—¿Molesta su productividad?

—Significa que se puede rodar treinta y tres veces más rápido que la media. Quizá voy más rápido de lo normal. O ellos van claramente más rápido de lo que necesitan. Y luego confío mucho en mi equipo, para empezar en el montador, algo impensable en nuestro cine.

Viaja García-Pelayo a Buenos Aires buscando un público cómplice. Quizá también «algo más de benevolencia que en España, un país en el que hay tres cosas que nunca entraron». ¿Cuáles? «El cine moderno, empezando por Godard y Antonioni... y, por supuesto, Buñuel y Picasso. Ni Buñuel ni Picasso han gustado aquí nunca. En el cine no pasan de Hitchcock, se han quedado en Casablanca y en Hitchcock».

Es fama que Gonzalo García-Pelayo achaca al naufragio del cine *underground* español, abanderado por autores como Iván Zulueta o él mismo, a las clasificaciones S y X, patentadas por la entonces directora general de Cinematografía, Pilar Miró. Al tiempo que patentaba un, digamos, cine marca España, la acusa de destruir cualquier posibilidad de cabalgar al margen: «Con la excusa de dar más libertades puso en pie una ley muy represiva».

—¿Ya le han dicho que el punto de vista de *Tu coño* es muy masculino?

—Pero es que lo es. ¿Y por qué no lo hace usted con un punto de vista femenino? Pues porque soy un hombre. Tampoco tengo punto de vista sobre la guerra de Sudán, aunque me gustaría. Por eso tampoco empleo un punto de vista femenino. Encantado de que otros lo hagan, pero esto es mi expresión personal, y no tiene mucho más misterio.

—La música juega un papel fundamental, tanto en estas películas como en el resto de su trayectoria...

—Nadie ha averiguado todavía quién es el autor de la música que suena en *Tu coño*. Es música barroca, claro... Bueno, voy a claudicar, es Bach. Toda la película está inundada de las partes instrumentales de sus cantatas, las menos conocidas. Pero solo lo instrumental, porque no quería que pareciera sacrílego. Y esa misma música sonaba durante el rodaje para que el ambiente del plató cogiera su espíritu. Follar y Bach. Follar y Bach. Y luego la hemos sincronizado.

—Una curiosidad, ¿qué ciclo discográfico?

—El de los dos grandes, la histórica, de Harnoncourt y Leonhardt. Y hay efectos sorprendentes, hay momentos en que él la masturba al ritmo de la cantata. Y eso, para mí, tiene algo que, aunque respeto el cine porno, lo trasciende. Y ojo, que en ese tipo de cine hay momentos, hay *flashes* impresionantes, con mucho más nivel artístico del que supone la sociedad, cuando de pronto se escapa la persona del personaje, se quita la máscara. Es lo que yo siempre espero en mis películas. Es algo que ya buscaba con *Manuela*, que desapareciera ella y apareciera Charo López.

—Imagino que para los actores de *Tu coño*, profesionales del porno, este rodaje habrá sido toda una experiencia.

—No creas que mucho. No les impresiona demasiado, no le dan mayor importancia. Y eso me gusta. Me gusta que no se dejen influir por la tontería del artisteo, que mantengan esa enorme pureza, ese grado de ingenuidad y primitivismo. Algo común, por ejemplo, al flamenco.

—El otro día entrevisté en Jerez a José de los Camarones, el cantaor, que sale en otra de las películas de tu ciclo, en *Siete jereles*, y conserva eso.

—Siempre digo que entre los flamencos están acabándose ya los últimos hombres de las cavernas, a ver, con mucha más cultura y finura, pero con unos elementos fascinantes, casi perdidos en nuestros días. ¿Hay que conservar eso? Bueno, yo quiero disfrutarlo mientras dure.

—¿Ese flamenco muere?

—Sin duda. Agujetas era un hombre de las cavernas. Igual que Manolito de María, que vivía literalmente en una cueva. Me gusta mucho ese concepto. Y en cuestión de sexos seguimos en las cavernas, seguimos la fuerza surreal que tiene, porque nos gustan unas cosas y no otras, porque cambiamos de gustos, es algo que tiene mucha más fuerza que nuestro propio pensamiento. Pues eso lo captura el cante jondo, que evoca emociones telúricas y sintoniza y despierta sentimientos escondidos.

25

SHAPIRO Y UNA MUJER NEGRA, ENANA, ABSTEMIA, CASTA Y SORDOMUDA

El presidente Joe Biden buscaba un juez para la Corte Suprema de Estados Unidos. Ilya Shapiro, profesor de Derecho en la Universidad de Georgetown, tuvo la brillante ocurrencia de sugerirle un nombre. Pésima idea. Si hablas, te vuelan la cabeza. Si callas, estás muerto. No hay escapatoria cuando la libertad de expresión yace estrellada, muerta como un albatros contra las olas furiosas en el país que nos había enseñado a ejercer la ciudadanía frente al imperio despótico y arbitrario de los monarcas.

«Objetivamente», le dijo Shapiro a Biden, «la mejor opción es Sri Srinivasan, un progresista sólido y muy inteligente, que incluso cuenta con el beneficio de las políticas de identidad, dado que sería el primer asiático estadounidense [nominado al Supremo]. Pero, por desgracia, no encaja con lo último en jerarquías interseccionales, por lo que [Biden] elegirá a una mujer negra menos valiosa». Parafraseando a mi amiga Rebeca Argudo, que pensaba en el próximo Nobel de Literatura, pero cuyo sartenazo aplica también para futuros jueces, mucho mejor si la candidata, además de mujer y negra, era «acondroplásica, abstemia y sordomuda. Y casta, muy casta, que haya autopublicado un único poemario ilustrado sobre los abusos sufridos de niña por un pariente lejano». Si creen que exageramos, o bien viven en Marte o no les parece del todo mal el arrebato punitivista que crece como una hiedra aciaga por los claustros de las facultades y las redacciones de los medios.

Shapiro solo trataba de ayudar, consciente del imperio de una dictadura identitaria químicamente pura. Que nuestro candidato, vino a decir, pertenezca a una minoría marginada o sea socio de un colectivo de víctimas. Pero que sea, al menos, talentoso. Que sepa hacer la o con un canuto y no boicotee el alto tribunal como un pasmarote ocioso o cutre. Pobre ingenuo. De entre las paradojas acumuladas por la tontería *woke*, pocas más evidentes que su negativa a reconocer sus propios rasgos, que niega y reniega.

A Shapiro lo suspendieron de empleo y sueldo. Con el tiempo ganaría la batalla administrativa. La universidad consideró que el profesor había escrito el tuit antes de estar en nómina. Satisfecho, Shapiro dimitió. De paso, publicó una tribuna en el *Wall Street Journal* que merece leerse. «Fue una experiencia que no le desearía a nadie», escribe, «excepto quizá a los instigadores de la mafia de Twitter que desató esta tormenta, particularmente los primeros días, realmente terribles para mí y mi familia». También habló de «montaña rusa de emociones e inestabilidad», de «purgatorio personal y profesional». «Estoy agradecido con los muchos aliados que apoyaron mi causa», añadía. «Descubrí quiénes son mis amigos, aunque hubiera preferido no tener la necesidad de saberlo». ¿Una lección? «Cualquier cosa puede ser utilizada como pretexto para castigar los discursos incorrectos».

Pensamos que la posmodernidad sería una película de Quentin Tarantino, un tranvía de guiños, un licor de citas, violento y frívolo. Tarde y mal descubrimos que volverían los autos de fe, las purgas estalinistas, los golpes de pecho, las oraciones por el alma de los condenados, mientras los monjes de la probidad fustigan la disidencia y predican sus dogmas con todo tipo de trampas semánticas.

26

MUERTE AL *VIEJO TOPO*, ENEMIGO DE BANDERAS

Tótem de la tribu roja, *El Viejo Topo*, revista y editorial, operaba como reducto marxista de las últimas tribus *anticapis*. De las que todavía leen, aunque bien pudiera ser que ya nadie lo haga más allá de la sinopsis de la contraportada. Es posible, entonces, que *El Topo*, que mantiene una admirable productividad editorial, sobreviva por la pura desesperación de esos cuerpos celestes que no acaban de encontrar un sol para aplastarse a tiempo. Ocasiones históricas no le faltan, comenzando por la conocida debacle del socialismo real y el reconocimiento de los gulags al fondo de los sueños. Figura esencial en el tardofranquismo, junto con la mitificada *Triunfo* del espantoso Haro Tecglen y el inolvidable César Alonso de los Ríos, *El Topo*, comandado por Miguel Riera, perdura con la paciencia del soldado japonés en una isla comida por el olvido y los mosquitos.

Lo que no anticipamos es que también nuestro *Topo* sería víctima de una cancelación. Lo cuenta el propio Riera en la web de la revista: «Los organizadores de Literal, la feria del libro político (radical la denominan ahora sus organizadores) que se celebra anualmente en Barcelona con apoyo del consistorio municipal, ha comunicado a *El Viejo Topo* que su presencia en la feria, en la que ha participado desde su fundación, ya no es bienvenida. Vamos, que no se le permite participar ni exhibir sus libros ni ejemplares de la revista. ¿El motivo? Los organizadores arguyen que no comparten determinadas líneas ideológicas contempladas en su catálogo editorial. Así de claro. Censura, como en los viejos tiempos del franquismo. Los organizadores se declaran firmes antifascistas, y les parece que *El Viejo Topo* no cumple con los requisitos necesarios para ser declarado antifascista».

Riera especula con nombres como el del filósofo Diego Fusaro, al que ha editado profusamente y que no contaría con el beneplácito de nuestros aguerridos antifascistas. Pero ya les adelanto yo que la cosa es menos fina de lo que sugiere la aversión al escritor turinés y/o a eso que ha venido en llamarse *rojopardismo*. Lo que nuestros guerrilleros urbanos no perdonan es que haya publicado a autores críticos con el nacionalismo, esa idea siniestra que repta por las fontanerías de la inteligencia española como una suerte de hiedra neurodegenerativa. Pongamos por caso *Románticos y racistas (Orígenes ideológicos de los etnonacionalismos españoles)*, de Jorge Polo Blanco; la trilogía compuesta por *Contra Cromagnon (Nacionalismo, ciudadanía, democracia)*, *La trama estéril: Izquierda y nacionalismo* y *La seducción de la frontera (Nacionalismos e izquierda reaccionaria),* de Félix Ovejero, o la descomunal tripleta, por ambición y logros, que es *El catalanismo, del éxito al éxtasis,* de Martín Alonso. Obras que tasan, y arrasan, el sobredorado carnaval con que nuestro mandarinato bendice desde siempre el tribalismo.

Despojada la izquierda española de cualquier poste reconocible al que encadenarse, abandonada por los estragos del tiempo, le resta el nacionalismo como basura de alquiler o metadona de emergencia. Denunciar la impostura es propio de aguafiestas, pues la izquierda institucional, de los sindicatos a Colau, ejerce como remunerada felatriz de una xenofobia prestigiada mediante un argumentario soez. Cancelar por discrepancias ideológicas, y no por las prácticas heteropatriarcales de un editor equis, nos aleja de los mariachis *woke* y retrotrae a los usos de los censores pata negra. Desterrados por pensar distinto. Fusilados por llevar la contraria. Animen esa cara. Al menos husmean ideas, no braguetas. Ya es algo.

27

NICK CAVE EN LA ABADÍA DE WESTMINSTER

El último César, Nick Cave, músico australiano, emperador de la suntuosidad barroca y el *rock* aullador, nació como *crooner* punk, entre Screamin' Jay Hawkins, Nina Simone y Johnny Cash. Al espárrago trajeado por Armani lo persiguen por no callarse nunca. Por inteligente y lúcido. Por acudir a la coronación de Carlos III de Inglaterra. Entrevistado por Freddie Sayers con motivo de la presentación de su nuevo libro, *Faith, Hope and Carnage*, ha dicho que «de joven no tenía esa furia política, estaba mucho más preocupado por tocar los huevos a las personas en otro nivel, por otras cosas». «Digamos», añadió, «que siempre estuve un poco en desacuerdo con mis compañeros». Cuando el entrevistador le preguntó cómo joder a la gente hoy, el jefazo de los Bad Seeds, compadre de Warren Ellis, dijo: «Ser conservador. Ir a misa y ser conservador».

Cave, que perdió a un hijo de quince años, despeñado por un precipicio, ciego de LSD, regresó del país de los muertos con una barbaridad como *Ghosteen* y acumula hitos cortocircuitados de belleza, de las carnavalerías fúnebres del seminal *From Her to Eternity* (1984) al terciopelo salvaje, góspel electrónico, de *Carnage* (2021). A los que lo critican por su viaje a Westminster les responde que no es monárquico, pero tampoco republicano, y que más allá de los debates, «interminables, pero necesarios, sobre la abolición de la monarquía», mantiene un «vínculo emocional inexplicable con los miembros de la realeza». Le atrae «su singularidad, su extrañeza, la naturaleza profundamente excéntrica de todo el asunto, que refleja perfectamente la rareza única de la propia Gran Bretaña». Siempre le ha fascinado «lo extraño, lo misterioso, lo asombrosamente espectacular, lo inspirador». En cuanto a qué habría pensado el joven Nick Cave de su cuelgue con los *royals*, respondió: «Soy un poco cauteloso a la hora de usarlo como referencia de lo que yo debería o no hacer, aunque el joven era mono, lo reconozco, perturbado pero mono».

¿Y las cancelaciones? Hace dos años escribió sobre la importancia de la tolerancia, caldo amniótico social que permite jugar con las ideas, discurrir nuevos caminos, equivocarnos y corregirnos sin miedo al paredón social: «El otrora honorable intento de reimaginar una sociedad más equitativa ahora contiene los peores aspectos de la religión y nada de su belleza: solo certezas morales y santurronería, despojadas incluso de la capacidad de redención. Se ha convertido, literalmente, en una mala religión enloquecida».

MONTY PYTHON Y LORETTA OPRIMIDA

Cuando John Cleese, de los Monty Python, recuperó *La vida de Brian*, que coescribió y coprotagonizó, para representarla en Broadway, un sanedrín de actores le ilustró sobre las virtudes de la tijera. Si quería estrenar, antes debía fumigar la escena en la que Stan explicaba al resto de miembros del Frente Popular de Judea su deseo de tener hijos y Reg le replicaba que no puede al carecer, pequeño detalle, de matriz: «¿Dónde vas a gestar el feto? ¿Lo vas a meter en un baúl?». Cuando el grupo decreta que si bien no puede parir al menos tiene, oh, «derecho», «un símbolo de su lucha contra la opresión», ah, Reg, revolucionario, pero facha y heteropatriarcal, tra, tra, sentencia: «Es un símbolo de la lucha contra la realidad».

Claro que la realidad tiene derivas cuánticas. Hasta el punto de que lo que entonces parecía una sátira sobre las locas disquisiciones con faldas del asambleísmo hoy, en triple cabriola mortal, ha sido santificado por quienes renunciaron a pelear por las cuestiones materiales para dedicarse a elucubrar sobre el lenguaje y a discutir sobre la identidad (y otros fetiches). Importaba, imagino, el que buena parte del programa político hubiera sido alcanzado con éxito. ¿Qué demonios resta? ¿Cómo destacar en el mercado político, en sus relucientes supermercados? Para la izquierda reaccionaria, la única presente en las instituciones, *mainstream* pata negra, luchar contra la realidad supone el único argumento de una obra agostada por la saturación de charlatanes y el uso de chatarras *posmo*.

La vida de Brian suscitó las iras del integrismo cristiano. Salió adelante, primero, por el dinero que apoquinó el ex-Beatle George Harrison, que hipotecó su casa para que el rodaje siguiera vivo. Una vez estrenada, fue decisiva la incapacidad de los fanáticos para postular las supersticiones propias (y sentimientos asociados) como argumento de autoridad frente a la libertad de expresión y el derecho a la ofensa. Aquellos *capellanes* (© Arcadi Espada) murieron en la orilla porque la izquierda, y solo la izquierda, gozaba de la capacidad para sancionar las bondades de una causa equis. Un fenómeno evidente en países como España, tumefacto por cuarenta años de dictadura, pero similar en democracias tan consolidadas como la estadounidense y la británica: también allí la izquierda, mi alegre progresía, contaba con el brillo de una autoadjudicada superioridad moral, viento en las velas, que proporcionaba la alianza de las fuerzas del trabajo y de la cultura.

La paradoja, al alcance de cualquier *woke*, es que en nombre de las minorías y otros parias, famélica legión, hemos sancionado mutilar una obra que había sobrevivido fiera e intacta a los embates de los ultras. A los aullidos de aquella ultraderecha, en Estados Unidos hoy formateada y fortificada en bastiones como la Fox, y agrupada tras la estela de un nacionalista como Donald Trump, debemos añadir la entusiasta aportación del nuestros febriles capellanes de izquierda. Modernos curas multiculturales, archimillonarios en pedanterías y prejuicios.

Los Monty no pueden bromear sobre Stan porque el fruto de su vientre, metáfora, resulta sagrado. Como todas las paridas sobre los que esta pobre gente proyecta su inagotable necesidad de nuevas religiones (y prohibiciones), coleccionistas de tabúes y vocacionales adoradores de dioses mayores y menores, del Stan oprimido a la maldita realidad, que tanto aprieta. Son, y que Loretta nos perdone, un verdadero coñazo.

29

DE GEOFFREY MARCY, NI EL POLVO
DE ESTRELLAS

La historia la recuerda Lawrence M. Krauss en el último
número de la revista *Quillette*. Hasta el 6 de octubre de 1995
no fue posible constatar la existencia de un exoplaneta, de esos
que orbitan alrededor de una estrella distinta del Sol. Solitos
en el espacio/tiempo. Los primeros en encontrar uno, de val-
secitos con Helvetios, entonces llamada Pegaso 51, estrella a
50,1 años luz de la Tierra, fueron Didier Queloz y Michel
Mayor, dos científicos suizos. Sus hallazgos los corroboró un
equipo estadounidense, empeñado en la misma caza, por el
mismo método pionero, y liderado por el astrónomo Geoffrey
Marcy. Catedrático en Berkeley, Marcy descubrió posteriormente, junto con el astrónomo Paul Butler, el segundo y el
tercer exoplanetas del registro histórico. Y otros setenta en los
siguientes años. Con posterioridad, como miembro del equipo
de la Misión Kepler, participó en el descubrimiento y estudio

de otros cuatro mil. Hasta que fue acusado de acosador sexual por varias alumnas.

Una investigación posterior, de la propia universidad, dio por buenas las denuncias. Lo expulsaron de Berkeley en 2015. Seis años más tarde fue desterrado de la Academia Nacional de Ciencias de los Estados Unidos. Lo de menos son las objeciones que me suscitan los brigadistas morales, entrenados para patrullar los campus como lanudos polizontes por las calles de Teherán. Es lo que hay. Juicios pilotados por burócratas, lejos de los tribunales, reactivos a cualquier garantía reglada. Fuera o no Marcy un cerdo, lo echaron a los ídem. No faltó ni la carta autoincriminatoria, clásico estalinista.

Con todo, su nombre seguía en bastantes *papers*. Su último trabajo apareció en marzo de 2023. Lo firma junto a otros quince científicos. Engloba varias investigaciones desarrolladas a partir de los datos extraídos del telescopio Kepler. Según explica Krauss, uno de los objetivos era estudiar, por vez primera, la correlación entre la existencia de grandes planetas exteriores, como Saturno, y otros, más pequeños y rocosos, cercanos a la estrella. ¿Actúan los primeros como una suerte de escudo protector frente a cometas y asteroides y permitiendo la posibilidad de que surgiera la vida en los segundos? Pregunten lo que quieran, que no podrán leerlo. El documento en cuestión ha desaparecido de los repositorios, después de una intensa campaña en Twitter por nuestros ofendidos, para los que la pretendida metástasis moral de un autor prevalece sobre cualquier otra consideración.

Hasta el punto de rematar con algunos de los *papers* astronómicos más relevantes de los últimos tiempos borrados porque la academia en Estados Unidos, zombi perdida, ha optado por anteponer la probidad del investigador a sus logros científicos, por impecables que sean y por mucho que aporten progreso o claridad al mundo. No hablamos, repito, de expulsar a un profesor del circuito académico, retirarle distinciones y honores, sacarlo de una sociedad científica, de matarlo de hambre o escupir a bulto sobre su lápida, sino además, encima, de aniquilar sus contribuciones futuras, y de paso las actuales y previas.

Si esto ocurre en un mundo tan lejos de la cháchara como la ciencia, donde creímos que primaba el método, cómo será el guateque que viven las humanidades y las artes. Al paso que vamos, pensar que hubo un día en que protestábamos porque el mercado fuera el último baremo disponible para tasar las obras provocará un estupor incurable.

30

KEVIN SPACEY, MÁS QUE CRUDO, IMPOSIBLE

Los de mi generación crecimos enganchados a un naipe de cine áspero lustroso, al margen del Hollywood confitado, donde explotan directores y escritores como Quentin Tarantino y los hermanos Coen y actores como Michael Madsen, Steve Buscemi, John Goodman o Kevin Spacey. La mayoría sigue en la trinchera. Spacey fue arrollado. Lo tumbaron las acusaciones más virulentas y exóticas. Nunca sustanciadas delante de los tribunales e incubadas en el vendaval del Me Too, que crece como hiedra bajo la luna negra de Harvey Weinstein y otros productores de mano larga y uñas sucias.

A Spacey lo señala primero un colega, Anthony Rapp, que aseguró que el protagonista de *Sospechosos habituales* trató de seducirlo cuando tenía catorce años y Spacey veintiséis. El aludido respondió con uno de esos comunicados nefastos, que aconsejan y escriben tus peores enemigos: «Si me comporté como lo describe, le debo la más sincera disculpa por lo que hubiera sido un comportamiento ebrio profundamente inapropiado». Casi al instante añadía que era homosexual y que, alehop, salía del armario. Kate Maltby, en CNN, sugirió que no solo trataba de cambiar la conversación, sino que lo hacía rebozado en el estereotipo que asocia homosexualidad y abusos a menores.

Maltby daba por hecho que los abusos existieron. Esta gente tiene el gatillo siempre listo cuando toca remar a favor del viento. Igual que Netflix, que canceló su estelar participación en *House of Cards*. La Academia de Televisión de Estados Unidos le retiró el Emmy de Honor y Ridley Scott regrabó todas sus escenas en *Todo el dinero del mundo* y lo sustituyó por Christopher Plummer.

Más allá de los platós, los patrulleros del pánico acumulaban nuevos casos y nuevos rostros. Un hombre, un camarero de Nantucket, la isla de los balleneros, dijo que le había tocado la entrepierna una noche de copas, cuando tenía dieciocho años y Spacey veintitrés. El caso llegó a juicio. Fue desestimado. Igual que la denuncia de Rapp, que acabó en nada. Pero siguen adelante las once acusaciones interpuestas en Reino Unido, por supuestos incidentes en Londres, entre 2005 y 2013, cuando Spacey dirigía el teatro Old Vic. La fiscalía londinense recalcó que no podía acusar formalmente si no viajaba al Reino Unido. Spacey, que podría haberse atrincherado en Estados Unidos, viajó a Londres en junio y compareció ante los ropones.

Carezco de bola de cristal. Ignoro cuál será su suerte en este juicio. No necesitas graduarte en quiromancia para constatar que hasta el momento uno tras otro los casos previos fueron humo. La ferocidad de las acusaciones, las fantasmadas de las autoridades y el linchamiento popular necesitaron muy poco para montar un carnaval violento, con delaciones grupales y juicios previos a cualquier juicio.

El Me Too arranca como una aventura benéfica. Un golpe de aire en un negocio turbio. Degeneró rápido en causa general. Acabó podrido. En el fondo siempre fue a la justicia real lo que la democracia plebiscitaria a la democracia representativa. Unas primarias del Derecho. Cesarismo punitivo donde el individuo está de más. El Me Too no juzga crímenes concretos, sino injusticias sistémicas, imposibles de combatir sin el concurso involuntario de un puñado de inocentes, puestos a escurrir en la trituradora de lavar bien blanco los pecados del mundo. Más que crudo, Kevin lo tiene imposible.

P.D.: El 26 de julio de 2023, Spacey fue declarado inocente de los trece delitos sexuales por los que fue juzgado en Londres. Con esta sentencia remataba un juicio de un mes y una deliberación de doce horas. «Es casi una tradición», escribió Pablo Pardo, corresponsal de *El Mundo* en Estados Unidos. «En 2018, la Justicia de Los Ángeles lo declaró no culpable. En 2019, la de Massachusetts. En 2022, un tribunal de Nueva York dijo que no era responsable civil en otro caso». Pardo recordó que el actor fue condenado en su día a indemnizar con 31 millones de dólares a los productores de la serie de

Netflix *House of Cards* cuando lo despidieron. Repito. Despedido por unos casos de los que luego fue absuelto; entre tanto, condenado a pagar. Sin posibilidad de recuperar el matrimonio y casi sin ingresos desde 2018.

31

JOHNNY DEPP, YO ACUSO

Lo primero que hizo el actor Johnny Depp (sesenta años) después de que un tribunal le diera la razón y condenara por difamarlo a su exesposa, Amber Heard, fue declararse «verdaderamente honrado». «El jurado me devolvió la vida», dijo. «Hace seis años», añadió, «mi vida, la de mis hijos, la de las personas más cercanas a mí y también la de las personas que durante muchos años me han apoyado y creído en mí cambiaron para siempre».

Tras seis semanas de circo mediático, con las paredes embadurnadas de vísceras y medio mundo conectado al goteo de intimidades, el jurado en Virginia decretó que su ex actuó de forma «maliciosa» cuando en 2018 lo acusó de maltratarla. Lo hizo en las páginas del *Washington Post*, sin llegar a nombrar a Depp, en un artículo que escribió asesorada por la American Civil Liberties Union, donde se describió a sí misma como una «figura pública que representa la violencia doméstica».

La apoteosis del maltrato, con el actor en el papel de Barba Azul, fue recalibrada como un intento de liquidación reputacional. A Depp no le pusieron los brazaletes electrónicos de milagro, aunque del sambenito de maltratador nadie sale indemne. Un año antes, cuando recibió el premio Donosti, la Asociación de Mujeres Cineastas de los Medios Audiovisuales (CIMA) lamentó el galardón por considerarlo «un error ético».

Lo primero que hizo Heard después de que el tribunal la condenase por difamadora fue declarar que tenía el «corazón roto». A continuación explicó que está «aún más decepcionada con lo que significa este veredicto para otras mujeres». «Es un retroceso», recalcó. «Retrotrae a la idea de que la violencia contra las mujeres no debe tomarse en serio». El jurado le daba la razón en una de sus reclamaciones: condenaba a su ex a pagarle dos millones de dólares después de que uno de sus abogados la acusara de haber urdido un «engaño». Pero el jurado no fue un centímetro más allá y sentenció que la mentirosa fue ella.

Tras la sentencia, convenía echar un vistazo a la filmografía del astro. En 2019 rodó una película. Otra en 2020. Cero en 2021. Cero en 2022. El actor alegó que había perdido 22,5 millones como consecuencia de la cancelación de la sexta entrega de *Piratas del Caribe*, producida por Disney. Según sus abogados, no fue el único estudio que le puso la cruz. Las compañías negaron la mayor. Los abogados de Heard insistían en que su carrera habría descarrilado con o sin acusaciones de violencia. Perenne chico malo de la industria, acumulaba años de explosivas relaciones con la bebida y toda clase de pasotes con los estupefacientes.

Pero una cosa es ir ciego y otra agredir a tu pareja. Durante el juicio, en favor de Depp testificó una de sus ex, la modelo Kate Moss. Afirmó que Depp «nunca me empujó ni me tiró por ningunas escaleras», como había referido Heard durante uno de sus testimonios. Nada que ver con el retrato de hiena sociopática que pintaron los medios.

El espectáculo del juicio de Depp y Heard fue puro sensacionalismo, con consecuencias letales. Con una condena mediática que superó el precio de cualquier sentencia judicial. El juicio estuvo envuelto en una niebla fosforescente y salvaje de sospechas mutuas, habladurías, ataques verbales, retransmisiones en directo e histerismo. Para muchas feministas y aliados, Depp era (es) un monstruo. Y yo acuso a la mitad de la profesión de gandulear con los derechos fundamentales. De preferir la quema de un inocente antes que arriesgar un centímetro. Acuso a mil y un editorialistas de enrolarse en una cacería de lectores aniñados, políticos encogidos y activistas cavernarios. Con el caso Depp la prensa, o lo que de ella queda, facturó unos papelotes escolares, una escombrera de mentiras, un tiradero de raspas.

Yo acuso a los defensores del #MeToo y otros churros prepolíticos, paleodemocráticos, neomedievales, de suplantar la Declaración de los Derechos del Hombre y del Ciudadano, el Bill of Rights y el manifiesto del judío de Tréveris por unos preceptos contrarios a cualquier salvaguarda humanista, imbuidos de sospecha y porquería. Los acuso de redactar unos artículos penosos, hasta el culo de adversativas. Los acuso de no entender que si alguien perjudica a las mujeres maltratadas son las Heard de este mundo. Acuso a los calumniadores y a los cobardes, aprendices de Beria, en nombre de Johnny Depp, y de cuantos inocentes fueron ofrendados en mesiánico guateque a mayor gloria del activismo recalcitrante y sus tremendos opiáceos, generalmente incompatibles con el Estado de derecho.

32

PLÁCIDO DOMINGO
Y LOS SOCIÓPATAS

Cada vez que mi yo más flojo me invita a simpatizar con una individua como Irene Montero, purgada en un viernes de sangre, me repito varios nombres a modo de conjuro. María Sevilla, digamos, condenada por sustracción de menores, que difamó a su marido y fue indultada por el Gobierno bonito. O Juana Rivas, condenada aquí y en Italia y, de nuevo, indultada por nuestros pluscuamperfectos representantes de la izquierda reaccionaria. Ningún nombre más adecuado para explicar la misandria institucionalizada que el de Plácido Domingo. Acusado por el *monterez* ambiente de abusador enemigo de las mujeres, los niños, los delfines y los elfos. Paseado por un estado de opinión tomado por las bacterias de la desafección democrática, desovadas por quienes, como la impar Montero, preconizan que el mundo puede arreglarse con una enmienda a la democracia y sus aburridísimos mecanos. Incluido el derecho al honor o las garantías que coagulan las posibles arbitrariedades del príncipe con vocación redentora.

Domingo fue acusado de acoso sexual en una ristra de denuncias. Casi siempre anónimas. Nunca sustanciadas delante de los jueces. Bastó con la palabra de unas desconocidas, autoras de unos relatos, a menudo estrambóticos, para condenarlo al desierto en vida, bajo una lluvia de esputos. Todo, repito, a partir de unas declaraciones truchas, desaguadas en una agencia de noticias. Fue despedido de sus podios internacionales y, en España, vetado por el Ministerio de Cultura. Purgado, o sea, censurado por un ejecutivo más atento a encestar puntos en su guerra contra la conjura heteropatriarcal que pilota el universo que a las concretas circunstancias de un ciudadano particular. Proscrito, en suma, por Montero y mariachis asociados, pero también por una prensa generalmente cómplice de las jaurías, ante las que se postra con vocación *felatriz*, no vayan a retirarle el saludo. A quién le importa si Plácido Domingo jamás reconoció que hubiera cometido abusos. O para qué preguntar si los supuestos hechos fueron alguna vez trasladados a un juzgado o investigados.

Nos encontramos, como tantas veces, ante un pleito jugado en todos los campos, del político al mediático, menos en el único que importa, el judicial. «Cuando se cometen actos graves y se asumen, eso tiene consecuencias en la vida pública y en la vida social», dijo el entonces ministro de Cultura y Deporte, José Manuel Rodríguez Uribes, mintiendo sin pudor y extendiendo a la gestión de los espacios públicos sus muy particulares juicios de intenciones y unos cuantos guiños a sus desquiciados socios de Gobierno.

Los negadores de la cancelación, aquellos que confunden la crítica con el linchamiento, los mismos que aturullan la defensa de las víctimas con el fuego a discreción de la guillotina eléctrica instalada en la plaza del pueblo, dirán ahora que Domingo sigue de teatro en teatro, de San Petersburgo a Viena, Milán o Múnich. Pero el fracaso de una caza de brujas (relativo: pregunten por Plácido en Estados Unidos) no condona las intenciones y actividades de la jauría. Tampoco mitiga el incurable dolor de los que fueron señalados como infames. Tiznados ante la historia por un hatajo de niños de la gasolina, acampados en las instituciones con una desenvoltura más propia de tuiteros sociópatas o inveterados macarras que de políticos presentables.

33

LA BIBLIA NO ES PARA NIÑOS, DICEN ALGUNOS

Antes del naufragio de los caciques rojos, creíamos que a ese lado del Muro censuraban los sacerdotes zurdos, en nombre del proletariado, y aquí los diestros. Unos cosían bocas por contrarrevolucionario, decadente o pequeñoburgués y otros, al otro lado de la alambrada, lo hacían en nombre de la virtud, la infancia, el más allá o el decoro. Pero la posmodernidad lio tanto los papeles y fue tan grande la confusión de los tontos de guardia que ya no hay día en el que la izquierda en democracia no compita con los desdentados clérigos por el monopolio del fariseísmo.

De ahí que agradezcamos estrambotes como el vivido en Utah, cuna de mormones, donde un padre activista, criatura, ha reclamado la eliminación de la Biblia en las bibliotecas de los colegios de su distrito escolar. La demanda, loquísima, está amparada por una nueva ley estatal, bautizada como HB374, que permite eliminar el contenido pornográfico en las bibliotecas y aulas destinadas a los menores de doce años. Al diablo con la Biblia.

Un libro tremendo, que inspiró siglos de civilización, también guerras santas, perseguido por violento. Sin la Biblia no tendríamos Shakespeare ni Cormac McCarthy, ni el gótico sureño, ni las *murder ballads*, ni a Johnny Cash, ni a Bob Dylan. Su catálogo de atrocidades y deleites no admite sacarina. Convierte los discos de *gangsta rap* en himnos de *boy scouts*. Contiene polvos y orgías, erotismo y jadeos. También secuestros, plagas de langostas, ríos de ceniza, diluvios a granel, masacres, extinciones, ciudades rotas por la espada, la muerte a caballo, esposas transformadas en piedra y genocidios en cinemascope, la creación y el rayo que destruye, todo lo contiene el libro de libros. Frente al Nuevo Testamento, más luminoso, el Antiguo reluce como un volcán *gore* o un diamante negro. Un guateque de gritos, con prosa deslumbrante, que alumbra capítulos espectrales, asesinatos y orgasmos.

Leo en *Newsweek* que «Utah Parents United, una organización conservadora en pro de los derechos de los padres, presionó fuertemente para que se aprobara la HB374». Añade que «el padre argumentó que la Biblia contenía temas como el incesto, la bestialidad, la mutilación genital y el infanticidio, que pueden entenderse como pornográficos dada la nueva definición establecida en el Código Anotado de Utah § 76-10-1227». En el momento de escribir estas líneas las autoridades académicas solo han prohibido el libro en «algunas escuelas primarias y secundarias». Hay una apelación pendiente.

En Estados Unidos los capillitas azules no dejan de perseguir libros tan poco sospechosos de fomentar la lujuria como los de *Harry Potter*. Andan obsesionados con el sexo, convencidos de que tenemos en marcha una conjura para que todos seamos homosexuales. Hasta que en un raro momento de justicia poética la inundación de ocurrencias desborda los diques de lo soportable y arrolla a los propios perseguidores, ahogados en su zumbada medicina.

Lo *woke* es la última pesadilla, deseo hecho carne de cuantos anhelaban mantras renovados para insistir en salvarnos, pero conviene anotar que la estulticia no conoce fronteras y que hay siniestros, e imbéciles, y sobre todo, que hay siniestros imbéciles, en los dos polos del cancán ideológico. Tampoco necesitas volar a Salt Lake City para comprobarlo.

34

CHARLIE, A SANGRE Y FUEGO

Si cancelar es dejar sin efecto o valor una cosa o suspender el desarrollo de algo previsto o programado, y si las cancelaciones que tratamos en esta serie afectan a las personas, a su reputación y a sus actividades profesionales, machacadas por una sobredosis de monjas vengadoras, laicas o de las otras, convengamos en que pocas cancelaciones hay menos reversibles que las derivadas de la muerte.

Una especialidad, la del carnicero con motivos religiosos, morales o políticos, perfeccionada por los *killers* empeñados en rescatarnos de nuestros descuidos vitales o ideológicos. Una bancada de profesionales luctuosos, siniestros, con sonrisa fluorescente, donde destacan con particular celo los meticulosos liquidadores en el nombre de Alá. Matarifes que, lejos de conformarse con liquidar socialmente, van a lo grande y apuestan por el cese definitivo de las funciones vitales. Pues no hay mejor borrado, más implacable, que aquel que llega a punta de cuchillo o pistola. Palabra de Dios: «¡Que no crean los infieles que van a escapar! ¡No podrán! ¡Preparad contra ellos toda la fuerza, toda la caballería que podáis para amedrentar al enemigo de Dios y vuestro y a otros fuera de ellos, que no conocéis, pero que Dios conoce!». «No sois vosotros los que matáis, sino Dios. Cuando lanzas un dardo, no eres tú el que lo lanza, sino Dios, para exponer a los fieles a una hermosa prueba; pues Dios lo oye y sabe todo». «Cuando encontréis infieles, matadlos hasta el punto de hacer con ellos una carnicería y estrechad fuertemente las trabas de los cautivos».

De entre todas las salvajadas cometidas en los últimos tiempos —Bataclan, Ramblas, etc.; más de quinientos asesinados en Europa desde 2004—, los muyahidines exhibieron siempre con natural orgullo el ametrallamiento de la redacción de *Charlie Hebdo*. La mejor barricada del laicismo, heredera de lo mejor del 68, frente a las pretensiones de unas religiones eternamente obsesionadas por intervenir en la esfera de lo público, de parlamento a la braqueta y vuelta. Normal que los pistoleros que sueñan con huríes quisieran disciplinar a los Wolinksi, Cabu y Cía. Su contagioso cachondeo, su vitriolo con guasa, sus herejías necesarias frente a popes y papas no podían ser toleradas por unos mulás reactivos al desodorante mental de la Ilustración.

Como escribió en una serie inolvidable Gabriel Albiac en París, poco después del atentado, «*Charlie Hebdo* podía hacer frente a Pompidou, Giscard, Mitterrand, Chirac, Sarkozy, Hollande... Todos sabían que, les gustase o no, *Charlie* era el honor de la República. Aun insultándolos. Por insultarlos. Pero el Islam no es la República».

Una República, un ideal sostenido sobre los pilares de la libertad, la igualdad y la fraternidad, por la que en un país como España jamás pelean esos humoristas que solo disparan lanzadas al torito muerto, de la Inquisición a Franco. Pienso en *El Jueves* y afines. Profesionales del chiste a sueldo y la risotada con chaleco antibalas. Pienso, también, en escritores como Junot Díaz, Peter Carey, Rick Moody, Joyce Carol Oates o Wallace Shawn, que en Estados Unidos, cuando el Pen Club concede a *Charlie Hebdo* el premio Toni and James C. Goodale a la Libertad de Expresión, acusaron a la revista de fomentar la islamofobia, «prevalente en el mundo occidental», frente a las «víctimas del legado colonial francés». «Intelectuales comprometidos», acostumbran a decir de sí mismos, chorreando babosa fatuidad y orgullo. Ja.

35

JOAN OLLÉ Y LAS DOCE DESPECHADAS

Joan Ollé fue actor y director de teatro, fundador de Dagoll Dagom y profesor del Institut de Teatre. En 2021, doce despechadas lo acusaron, en un reportaje basura, publicado por *Ara*, de abuso de poder y acoso sexual. «Tú te enamorabas del maestro y él de tu culo», dijo una, sin sentido del humor ni del honor posible. «Sabía que mi novio era uno de sus alumnos», rememoró otra. «Me presionaba tanto para que lo dejara que al final acabé haciéndolo». Los dramáticos testimonios de la muchachada pretendían exhibir los desmanes de un Harvey Weinstein de Las Ramblas. Pero la verdad desagradable tiene el vicio de asomar, y el supuesto escándalo no pasó de constituir un ejercicio de impudor retrospectivo.

Más que abuso o acoso —que el propio teatro descartó en una investigación interna, y en el que la Fiscalía no quiso ni entrar, y miren que ahí manda quien manda—, aquello fue una reunión de jetas encaradas con la Segunda Ley de la Termodinámica. Esa que asegura la irreversibilidad del tiempo. Ignoraban que el desorden siempre crece, cabrito, en caótica marea. Que arranca en los jergones y sigue, todo jadeos, por las cabecitas que llaman a fumigar al hombre con el que habrían ligado. Devuélvanme a mi novio, oh dioses de la sororidad violeta, limpio y libre de dolor y cuernos. O cuando menos destruyan al viejo con el que dije haber follado.

Joan Ollé no era un santo. Ni un unicornio. Ni una criatura angélica, un querubín o una estatua de hielo. Ollé era un hombre. Le gustaba el *whisky* y leer a Camus. Pertenecía a un mundo ya crepuscular, donde los de su oficio apostaron por explorar, con sus riesgos, y por bañarse en licores y placeres, frente a las fórmulas profilácticas, domésticas, menos despeinadas, de la seguridad a plazo fijo. Dinosaurios, románticos empedernidos. O egoístas e infantiles, como quieran. Obsesos de la libertad. Abogados del deseo. Abolidos por nuestros cruzados contra la desigualdad y la dominación, que van y vienen del juzgado a los periódicos, vuelta y revuelta, emperrados en destruir unas causas tan legítimas como agotadas a base de hacer el ridículo. Mientras los usos y abusos libertarios languidecen bajo una plaga de botafumeiros.

En su hora más triste, apartado de su trabajo, rodeado de un silencio viscoso, a Ollé no lo defendieron los coleccionistas de causas puras. Tan atentos ellos a las contraindicaciones laborales y crematísticas de posicionarse, por una vez en su vida, contra los dicterios del *mainstream*. También es cierto que en la Cataluña de los evangelios tribales jugaba en su contra el haber descreído de la causa patriótica. Si al trance estupefaciente de no comulgar con la cosa nacionalista le sumamos el romance del nuevo feminismo con los paredones virtuales, no había escapatoria. Solo faltaba aderezar el potaje con las prácticas canallas de un periodismo propio de lampreas. «Me llamaron el día antes de la publicación», le había explicado a Iñaki Ellakuría, «y me preguntaron si tenía algo que decir por las acusaciones que se vertían sobre mí. Yo respondí al periodista que me dejara leer el artículo para poder así opinar. Cuando se negó, entendí que no acabaría bien la cosa».

No acabaría bien, no. El 22 de agosto de 2022, a los sesenta y seis años, un año y medio después de publicarse el reportaje, sospechoso ante Dios y la historia, Ollé murió de un infarto. Llevaba muerto meses, ajusticiado por un volquete de... curas. Y abandonado por todos.

36

LO QUE VA DE VIRGINIA WOOLF A JUAN JOSÉ MILLÁS

Preocupa con justicia lo sucedido con el *Orlando* de Virginia Woolf en Valdemorillo, y con la película *Lightyear* en Bezana. Hiede el espectáculo de los concejales que apedrean la obra de una escritora monumental, como la Woolf, o se encabritan con el genio colectivo de Pixar. Los argumentos de corte catequista, las excusas de sacristanes pillados en un renuncio, y el perfume homófobo que exudan, no sé si anuncian el apocalipsis que viene, no lo tengo tan claro, pero dejan en el paladar un regusto a despensa rancia bastante asqueroso.

Ahora bien, no hablamos de cancelaciones. Esto lo escribo, firmo, rubrico y repito con la autoridad que me confiere lidiar semanalmente con reguladores del talento ajeno, mirones de la probidad y otros señaladores empapuzados de moralina. No son cancelaciones. Cancelar es otra cosa. Al cancelador no le basta con silenciar una obra. No tiene suficiente con encapotar un escenario o apagar las luces del cine. Para que la cruzada tenga sentido, para gritar aleluya, necesita destruir al enemigo. Alzarse sobre sus restos como un rajá sobre el cadáver de un tigre bengalí recién acribillado. No solo hay que silenciar al escritor de aquí a la eternidad, amordazar al cantante, fusilar al director o actor y reescribir su obra, sino también su biografía, la vida y sus inciertos milagros. Apoyados en las mejores causas disponibles en los catálogos todo a cien, los canceladores superan las dinámicas censoras convencionales. Aplican los métodos contrastados por siglos de inquisiciones religiosas.

Luego, si eso, si quieren, hablamos de dobles y triples varas de medir. De tableros inclinados. De Pedro Almodóvar, un suponer, que lo mismo denuncia los desafueros voxistas en una pedanía que va y te exige la cabecita de los críticos cinematográficos que escriben mal de sus películas, de Carlos Boyero a Antonio Albert («Pedro intentó que me echaran de *El País* por un artículo sobre el papel de Bibiana Fernández en *Tacones lejanos*», ha contado Albert en *The Objective* en una columna titulada «¿Y qué pasa cuando quien censura y cancela es Pedro Almodóvar?»).

O de Juan José Millás. Capaz de armonizar con exquisita gracia los aspavientos por la censura de *Orlando* y *Lightyear* con el liderazgo de la jauría que en 2003 intentó linchar al escritor y guionista Hernán Migoya, el joven autor de *Todas putas*, un libro de cuentos. La caza de Migoya, paseado por columnas y tribunas, concluyó un par de meses más tarde, cuando Mario Vargas Llosa publicó un artículo donde recordaba que está muy feo confundir las opiniones de los personajes de una ficción con las del autor que los inventa. Pero Millás no confundía, qué coño iba a confundir. Se limitaba a componer frente al espejo la indignación estipulada por los patrones del circo que paga y manda. La clase de escritor, la clase de gente que, como sostiene el propio Migoya, «uno jamás querría tener a sus espaldas como compañero en un campo de prisioneros, porque sabes que te venderán por una pastilla de jabón».

«Primero vinieron a por Virginia Woolf, pero yo no era Virginia Woolf y no me preocupé...», ha escrito el aguerrido Juan José Millás en Twitter. Millás. Nuestro George Orwell. Nuestro Bertolt Brecht. Nuestro Christopher Hitchens. Nuestro incansable, homérico campeón contra las hordas. Qué sublime impostura.

37

AYAAN HIRSI ALI, FEMINISTA
E ILUSTRADA

Dos de noviembre de 2004. Llegaron los fotógrafos, los coches patrulla, los paramédicos. Hablaron los testigos. El cineasta Theo van Gogh, cuarenta y siete años, yacía sobre la acera. Acribillado por Mohamed Bouyeri, holandés de origen marroquí, de veintiséis años, vestido con un impermeable y un *taqiyah*. El primer proyectil perforó el estómago de Van Gogh, que acababa de estrenar *Sumisión*, un cortometraje documental dedicado a los abusos que el islam inflige contra las mujeres. Firmó la película junto a Ayaan Hirsi Ali, diputada holandesa nacida en Somalia, exmusulmana y azote de los prosélitos de una religión que no se resigna a jugar un papel secundario en unas sociedades que enarbolan la herencia de Spinoza y Voltaire.

«¡No lo hagas!», gritaba Theo, arrastrándose por la acera. Con la calma de un chacinero santificado, Bouyeri sacó un machete de hoja curva y le rebanó el cuello. Después de clavárselo en el pecho, extrajo otra daga más pequeña, escribió en un papel y lo ensartó junto al esternón con un segundo cuchillo. El papelito rebosaba amenazas contra Hirsi Ali, advirtiendo de que sería despedazada por el islam.

Hirsi Ali, refugiada, que sufrió la mutilación genital en su infancia, ya ejercía entonces como voz de las niñas y mujeres apaleadas y secuestradas por una religión de corte militarista. Poco después del atentado emigró a Estados Unidos. En 2010 su nombre apareció en una circular con objetivos de Al Qaeda. Y en 2014 la Universidad de Brandeis le retiró una invitación para dar una conferencia en una ceremonia de graduación después de que varios profesores y estudiantes la acusaran de proferir discursos de odio. Aquella fue la primera de varias ocasiones en las que Hirsi Ali, víctima ella misma del islamismo, luchadora contra la misoginia, la homofobia y la barbarie, baluarte de la libertad de expresión y los valores ilustrados, permanentemente amenazada y protegida, y objeto de deseo para una masa de verdugos repartidos por el mundo, recibía los escupitajos de (una parte de) la comunidad académica. Rechazada, en suma, por quienes presumen de preocuparse por la indagación crítica y, sin embargo, ignoran la situación de los más frágiles; esos que abandonan a quienes luchan, en las peores circunstancias imaginables, por la secularización del Estado. La clase de gente que solo reconoce derechos en función de la adscripción grupal del individuo. Como si los musulmanes no fueran individuos. O como si la ciudadanía de las personas llegadas del Magreb, el África subsahariana o Asia sufriera de un estigma o fuera de segunda categoría. Indistinguibles de su pertenencia al rebaño. Condenadas por el mismo multiculturalismo que las estabula con profusión de besos.

En el caso de Ayaan Hirsi Ali, a la incapacidad de la izquierda para criticar una religión que no sea el cristianismo se une la tradición ecuménica de la conversación pública en Estados Unidos, donde tanto sorprende declararse agnóstico o ateo. Con la diferencia de que solo los teóricos progresistas comparten con el yihadismo su entusiasmo por censurar a la escritora somalí. Distintos métodos y un fin común.

«No hay nada más importante que el pensamiento crítico», le dijo Hirsi Ali a Cayetana Álvarez de Toledo en una entrevista fulgurante, como todas las suyas. «La libertad intelectual. El temperamento o el aprendizaje de la duda. Eso fue lo que me salvó a mí». El pensamiento crítico, la libertad intelectual, la duda. Lo que el relativismo supuestamente progre desconoce.

38

J. K. ROWLING Y LA BIOLOGÍA, REACCIONARIAS

J. K. Rowling era una escritora de fantasía a la que no le iban mal las cosas. Hasta que apoyó públicamente el derecho de Maya Forstater a opinar sobre la legislación de cambio de género. Empleada del Centro para el Desarrollo Global, Forstater había escrito en contra de la ley que planeaba al respecto el Gobierno británico. Fue despedida. Como mandan los averiados cánones de la tolerancia y aconseja nuestro burlado derecho a la libertad de expresión. Indignada e incorrecta, envalentonada, Rowling tuiteó aquello de: «Vístete como quieras. Llámate como quieras. Acuéstate con cualquier adulto que te lo consienta. Vive la mejor vida en paz y seguridad. Pero ¿obligar a las mujeres a dejar sus trabajos por afirmar que el sexo es real?». «Estoy con Maya», añadió.

Rowling fue acusada de transfobia por los mismos que no asumen la importancia de confrontar argumentos y entienden que resulta legítimo despedir a alguien, matarlo de hambre, condenarlo a la muerte civil, si sus ideas no encajan con las del último bloque ideológico consolidado. De fondo, a tomar por rasca, quedan los propios transexuales. Arrollados por un *lobby*, el de lo trans, alimentado por la feble y bien pagada artillería ideológica *queer*. Condenados a no disponer de asesoramiento psicológico, evaluación médica, etc., para evitar la patologización. Por ahorrar dolor, lo multiplicamos.

Vuelan los proyectiles y uno se juega la excomunión si explica, con el primatólogo Frans de Waal, que las personas transexuales existen. Pero que esto no supone la negación del sexo biológico, que es el anhelo no tan secreto de los parroquianos de la tabla rasa, amotinados contra la luz de los laboratorios y recluidos en el convento de las mitologías. Lo cantaba Chavela, que este es un mundo raro (y que nunca has amado). Lo suficientemente exótico como para que algunos, ebrios de veneno, nieguen la transexualidad, y otros, embebidos de mesianismo, apoyen el cambio de sexo (no de género, ojo, de sexo) en ventanilla.

Cómo será de chunga la calidad del debate, cómo andarán las locas cabecitas, que dos gigantes del pensamiento contemporáneo, la señora Yolanda Díaz y el señor Santiago Abascal, dos superdós de la asombrosa dialéctica ibérica, no lograron explicar en televisión qué cosa será una mujer. Prodigio. Tampoco era tan enrevesado. Miren la RAE. ¿Mujer? Persona del sexo femenino. ¿Sexo? Condición orgánica, masculina o femenina, de animales y plantas. Luego está el género. Los roles y etc. No inexorables, obligatorios o sagrados. Pero más relacionados con la biología de lo que admiten nuestros poetas, clérigos en armas del libre albedrío.

Lo único interesante de la fantasiosa bisutería *queer* es que dispara una enmienda irresoluble, calibre grueso, a la discriminación positiva. Porque a ver cómo marginas en favor de unos sujetos impermeables a la identificación. Reos del autodeterminado impulso. Incompatibles con un mínimo prurito de objetividad. Por decir cosas de este jaez, por explicar que en el sexo cromosómico no hay irisados matices, y que llevamos el sexo cincelado a soplete en las células, a la madre de *Harry Potter* la pasean por las corralas tuiteras y los platós de televisión, estercoleros donde engordan los profetas de lo irracional, caladeros dilectos de unos políticos desacomplejadamente analfabetos.

39

LUIS RUBIALES Y LA MASA ENFURECIDA

A Luis Rubiales lo deberían haber largado hace siglos. Por el escándalo con Piqué. Por las fiestas *bunga bunga*. Por *vedette* en el carruaje del *Sálvame* nacional, que colocó en puestos decisivos a individuos grotescos y condujo el ecosistema mediático rumbo a las letrinas de la telemierda. Habría que haberlo botado, también, por grosero. Pero la incapacidad para proceder con un mínimo de etiqueta ya no le preocupa a nadie. En cuanto al beso, estoy con Woody Allen, cuando dijo que «no la estaba besando en su despacho con la puerta cerrada ni nada parecido donde ella estuviera amenazada. Fue claramente a la vista de todos y ella no estaba en peligro. Pero claro, ella tiene todo el derecho a dejar claro que no quiere, y él tiene el deber de pedir disculpas y de asegurar que no lo volverá a hacer. Y hecho eso, seguir los dos adelante».

Este libro no va de personas admirables, sino de personas a secas. Despedazadas por la ola de intransigencia. En el caso de Rubiales, el Gobierno de la nación acusó de agresión sexual a un ciudadano y, en un latigazo que deleitaría a Bodin, instó a los fiscales a actuar. Sin mediar denuncia. El caso solo podía entenderse si apagábamos las televisiones y poníamos la lupa en dos fracasos gemelos. El del fútbol, inmerso en un ecosistema de brutalidad y *brillibrilli*, incubado por delincuentes como Gil y Gil o Berlusconi, y el del feminismo español *mainstream*, que con casi 600 millones de presupuesto en el Ministerio de Igualdad, récord absoluto, estaba cerca de batir el número de asesinatos de mujeres a manos de sus parejas.

Nuestro fútbol, el fútbol en general, de la cueva de ladrones de la FIFA al palco del Parque de los Príncipes, galopaba entubado a un fondo séptico. Pagado por unos millonarios y sátrapas capaces de ordenar que descuarticen a un periodista del *Washington Post*. Nuestro feminismo peleó por situar a la mujer en una posición de desvalimiento. Incapaz de decidir por sí misma. A merced de un supuesto machismo estructural que, como explicaba a menudo el profesor Pablo de Lora, no encontramos ni en el poder ejecutivo y legislativo ni en los consejos de administración de los patrocinadores de las grandes empresas, ni en los medios de comunicación, ni prácticamente en ningún lugar del discurso público. Andaban todos en modo mosquetero: alineados con las tesis de una Irene Montero y con el tsunami del punitivismo cursi.

40

MAGISTERIO Y CONDENA
DE CÉSAR GONZÁLEZ-RUANO

Hubo un tiempo en que todos los escritores en periódicos soñábamos con ganar el premio Ruano. Lo entregaban en una gala de mucho empaque, con políticos, banqueros y embajadores. En su currículo centelleaban todos los monstruos sagrados de nuestro aprendizaje literario, de Manuel Vicent a Manuel Alcántara, Raúl del Pozo, Vicente Verdú, Juan Cueto, *Cándido*. En una esfera más personal, a César González-Ruano lo descubrí en *La escritura perpetua* de Francisco Umbral. Cegado por aquella escritura a bocanadas, que emitía un aguijón de luz negra, busqué sus títulos por todas las librerías de lance y coleccioné los que reeditó Mapfre, empezando por el desigual y extraordinario *Mi medio siglo se confiesa a medias*. Lo mío con César fue un cuelgue. Viví absorto en su prosa cortocircuitada de volutas literarias. Quizá la única posible en un país, en aquellos años irreconciliable con el periodismo. Tampoco descubro nada asombroso. No hay columnista español que no haya bebido del marqués apócrifo, mucho más serio en sus obras de lo que apunta su atrabiliaria leyenda.

Hasta que en 2014 Plàcid García-Planas y Rosa Sala Rose publicaron un libro, *El marqués y la esvástica*, que reventó su imagen y ahuyentó a los fabricantes profesionales de exégesis. Los autores bucearon en las inquietantes actividades de Ruano en el París ocupado, donde habría estafado a decenas de judíos que huían del matadero. Estaban convencidos de que el columnista mejor pagado de su tiempo había traficado con salvoconductos chungos en mitad del infierno. Como de costumbre, los periodistas confundieron las intenciones con los resultados, la literatura con la historia y los proyectos con sus resultados, lanzándose a enhebrar especulaciones allí donde el muro ante el que desembocaron sus investigaciones no permitía más que cerrar el expediente. O reconocían que no habían encontrado nada o apostaban todo a la literaturización más o menos fantasiosa. Optaron por la segunda vía.

Con las conclusiones escritas de antemano era cuestión de tiempo que los curas de guardia confundieran los méritos humanos con sus dones artísticos, la (supuesta) biografía con las columnas, incapaces de metabolizar que no necesitas tasar la probidad de un director de orquesta para embriagarte con su lectura de las partituras de Bach. Tampoco sabemos demasiado respecto al trato que Bach dispensaba a sus alumnos. Para lo que realmente importa, da igual.

En el caso de Ruano la cancelación consistió, entre otras miserias, en suprimir el galardón que la Fundación Mapfre tenía a su nombre. Una forma como otra cualquiera de no comprender que las probables vesanias del columnista total, que escribía en los veladores de mármol del Teide y el Gijón mientras las moscas trepaban por sus dedos amarillos, ni mejoran ni ensucian su capacidad para la ironía, el balazo y la gracia, para retratar el miedo e inventariar el dolor. Su único sortilegio, su pasión y su regalo, también su látigo, fue un idioma que vibra como un transistor al rojo vivo. Renunciar a las obras de Ruano, o de cualquier escritor interesante, por su peripecia biográfica nos coloca en la antesala de una fiebre que no dejará página sin quemar. Sumergidos en una santurronería tan asfixiante que anega a su paso cualquier atisbo de vida inteligente. O la escritura como pretexto de la moralina.

Nos podríamos haber ahorrado todo este rollo si los autores de *El marqués y la esvástica* hubieran reconocido que no encontraron lo que buscaban y que, o bien Ruano no fue el canalla que suponían, o bien tocaba aceptar que, a falta de pruebas concluyentes, *in dubio, pro reo*. No fueron capaces de pasar de las meras sospechas, de las mismas conjeturas y rumores que los animaron a iniciar su investigación. Aquellos dos dijeron «nazi» y el miedo a salpicar y mancharse es tal, obviamente motivado por el peligro de ser acusado de filonazi, que al final uno admite pulpo como mascota y a Ruano como un trasunto de asesino de las *Einsatzgruppen*. Y así, no mediante una argumentación sostenida con pruebas, sino a base de apretar, de la pura coacción, del matonismo intelectual, es como alguien puede ser destruido. Porque a ver quién lleva la contraria. Cancelado, entonces, por precaución. No sea que.

41

AYALA EN EL INFIERNO

Francisco J. Ayala, científico español, fue expulsado de la Universidad de California en Irvine (UCI) tras las denuncias de cuatro mujeres por acoso sexual. La llamada Oficina para la Igualdad de Oportunidades y Diversidad (OEOD en inglés) consideró probadas las tropelías. Según explicó en un artículo para el *Diario de Mallorca* el profesor y escritor Camilo José Cela Conde, colaborador y amigo del biólogo, los cargos, nunca sustanciados ante un tribunal, consistían en 1) tocar en el codo a una profesora en el transcurso de una reunión del departamento para conducirla hacia un corro en el que estaban tratando un asunto de su posible interés; 2) dar un beso en cada mejilla a una colaboradora suya para saludarla al ir a cenar a la casa de ella, delante de su marido y de la mujer de Ayala, y 3) decir en algunas ocasiones a una mujer algo así como «te veo muy guapa y elegante», en particular a una que estaba embarazada.

Si la institución creía que un empleado había acosado sexualmente a colegas y alumnos, ¿por qué no denunció? ¿Bastaba con la censura del claustro para que una persona fuera etiquetada de delincuente sexual? La Oficina para la Igualdad de Oportunidades y Diversidad actuó como policía y juzgado, juez y parte.

Total, que llamé a la UCI. Hablé con una empleada. La Universidad ni siquiera se había dignado a publicar el pliego de cargos. Nadie supo explicarme por qué la OEOD supuestamente no permitió testificar a «ninguna de las [personas] que Ayala presentaba como sus testigos» (Cela Conde). ¿Cabía la posibilidad de que la institución se hubiera comportado con racista intolerancia hacia las efusiones de mediterráneo mal aclimatado al puritanismo? Cabía.

Me responde por *email* la directora de Comunicaciones Estratégicas del rectorado. El excelentísimo rector estaba fuera. Ella trataría de ayudarme. La UCI solo había publicado dos comunicados muy genéricos. Uno en el que considera probada la condición de acosador sexual del profesor Ayala, pero donde no explicaba por qué, ni se dignó a sustanciar. En el segundo anunciaba que borraría el nombre de Ayala de su escuela de Biología y de su biblioteca. Según Cela Conde, el día del episodio del codo Ayala estaba dando una conferencia en otra ciudad. La OEOD no le permitió llamar a ningún testigo. ¿Cuándo se presentó la denuncia? ¿Cuándo fue expulsado? La entrevista remata con varias cuestiones de índole barroca. En España, un acosador sexual reincidente es un delincuente. ¿Considera la UCI que el profesor Ayala es un delincuente? ¿Pudiera ser que lo que la UCI llama acoso sexual no reciba una consideración similar bajo las leyes de California y/o federales de los EE UU? Un extravagante rumor apuntaba a que una de las cuatro denunciantes del profesor Ayala podía heredar el despacho y la plaza del profesor Ayala. La directora de Comunicación y etc. me responde que la UCI no diría nada más allá de los dos comunicados. La información que solicité podía consultarse, o no, en la Oficina de Registros Públicos de la UCI.

42

WOODY ALLEN, PAPEL HIGIÉNICO

«Si te has quedado sin papel higiénico», escribió en 2019 Monica Hesse, del *Washington Post*, «las memorias de Woody Allen también están hechas de papel». Allen fue exonerado por la justicia de su país en 1992. Su caso ni siquiera llegó a juicio. Una investigación de seis meses, liderada por la unidad de abusos a menores más reputada de Estados Unidos, el Child Sexual Abuse Clinic of Yale-New Haven Hospital, así como por detectives de la ciudad de Nueva York y del estado de Connecticut y los servicios sociales de Nueva York, concluyó de forma inequívoca que, o bien la niña había inventado los supuestos abusos, o bien la madre, Mia Farrow, había escrito y dirigido la pantomima. Si ahora digo que Farrow tendría que haber sido investigada por interponer una denuncia potencialmente falsa, no faltará quien niegue la existencia de denuncias falsas interpuestas por mujeres, esos angelicales seres de luz fluorescente y corazón de terciopelo rosa, incapaces de cometer las vesanias e injusticias propias del mundo adulto.

En el (o)caso de Woody Allen todo (re)empezó con una entrevista de Oprah Winfrey a varias estrellas y productoras de Hollywood. Entre otras, Natalie Portman, Reese Witherspoon y Kathleen Kennedy. Winfrey, que llegó a sonar como loca candidata demócrata a la Casa Blanca y, en sus días de gloria, irrepetible propagandista del pensamiento *magufo*, o sea, amiga de homeópatas, antivacunas, curanderos y otros notorios sinvergüenzas, preguntó a las justicieras sobre el «ultramonstruo» (Claire Dederer *dixit*). ¿Creían en las alegaciones de Dylan Farrow? ¿Se había terminado el tiempo del director de *Manhattan*? «Yo te creo, Dylan», respondió Portman. Sus colegas asintieron. Cabecearon. Sonrieron. *Alea iacta est*. Woody, fusilado. Sus películas, a la mierda. Sus actores, gimoteando por las esquinas y/o renunciando a sus sueldos. Cómo iban ellas a creer en las conclusiones del juez y los peritos teniendo delante la emotividad burbujeante y el póster del drama, la cosita solidaria y la epatante posibilidad de mostrar su amor por sus congéneres, su sed de justicia infinita. Triunfó el instinto de unas millonarias, erigidas en custodias de un tribunal sumarísimo, popular y automático ante el que no cabía objetar, presentar pruebas, reivindicar la presunción de inocencia, acudir a un abogado o entrevistar testigos.

En ese ecosistema, con un Hollywood jibarizado, con una prensa que, salvo hermosas excepciones, agitaba espantajos, emocionó leer las palabras de Alec Baldwin: «¿Es posible apoyar a los supervivientes de pedofilia y abuso sexual y al mismo tiempo creer que Woody Allen es inocente? Creo que sí. No se trata de descartar o ignorar las quejas. Pero acusar a la gente de esos crímenes debería hacerse con cuidado. Entre otras cosas por el bien de las víctimas». Nadie entre los valientes que aspiraban a castrar al director prestó atención a las alegaciones de Moses Farrow, también hijo adoptivo de Mia y Woody, que acusó a la primera de maltratadora y estaba convencido de que su exmadre había inventado y ensayado el testimonio de la niña contra su padre. Todo esto mientras los periódicos discutían si el actor y director Aziz Ansari había abusado sexualmente de una chica que lo acusaba de haberse citado con ella, haber cenado juntos en un restaurante de Manhattan, haber ido luego al apartamento del chico y haberse acostado juntos... sin reparar en que ella intentaba decirle, mediante «señales no verbales», que no.

Ah, bueno, dijeron, pero es que Woody Allen todavía escribe. Bien. Le secuestraron una película. Censuraron sus memorias. Decretaron que nunca más volvería a dirigir. Su presencia en los festivales es saludada por activistas y políticos con la atención debida a un oficial de las SS. Por no hablar de los sostenidos intentos de borrarlo del canon cinematográfico, ahora que todas y cada una de las escenas de su cinematografía pasaban por ser extensiones de una supuesta pedofilia que estaría latente en cada fotograma.

Importaba muy poco que para generaciones de espectadores, generalmente progresistas, Woody Allen hubiera encarnado durante muchos años la quintaesencia del hombre cómplice de las mujeres, moderno e inseguro, progresista, sensible, cáustico, tímido, culto y neurótico. Solo contaba el veredicto de una industria acobardada a los dicterios de un puñado de cazadores de brujas, la sumisión de los medios de comunicación y el pasotismo de un público que prefiere no leerse la letra pequeña de los escándalos y quedarse con los titulares más brutales.

Un periodista, Richard Morgan, alardeó de ser el primero que estudiaba los archivos del cineasta, reunidos en cincuenta y siete cajas depositadas en la Universidad de Princeton. Dijo que Allen había construido la totalidad de su carrera sobre el argumento de hombres (viejos) obsesionados con mujeres (jóvenes). Trasuntos de un director encelado con las nínfulas: «Allen, que ha sido nominado a veinticuatro Oscar nunca ha necesitado ideas más allá del hombre libidinoso y su bella conquista, un concepto sobre el cual ha hecho películas sobre París, Roma, Barcelona, Manhattan, el periodismo, los viajes en el tiempo, la revolución comunista, el asesinato, la escritura de novelas, la cena de Acción de Gracias, Hollywood y muchas otras cosas». O sea, que a partir del erotismo, la conquista, el desamor y los celos, el de Brooklyn había escrito y dirigido películas sobre casi todo. Más adelante Morgan escribe que «no hay nada criminal en la fijación de un hombre de ochenta y dos años con las chicas de dieciocho y no es tan malo como "sacarse el pene de repente" (…) Pero es profunda y anacrónicamente indecente». O sea, que no había nada criminal en las obsesiones eróticas de Allen, pero aun así…

Y en esos torvos puntos suspensivos colgaba al cineasta y con él, a cuantos todavía defendemos la frontera entre la fantasía y el Código Penal.

Allen era un cerdo. ¿Cuántas horas gastó Morgan en Princeton para alcanzar tan refinadas conclusiones? En el mundo hay hombres maduros que desean a chicas jóvenes e incluso, *oh là là*, chicas jóvenes que desean a hombres maduros. Y el no va más: escritores, cineastas, que cuentan esas historias. Quién nos iba a decir que al fondo del callejón posmoderno esperaba el código Hays, circa 1934: «No se producirá ninguna película que disminuya los estándares morales de los espectadores. La audiencia nunca podrá ser conducida a simpatizar con el crimen, el mal o el pecado».

Algunos magnánimos comentaristas concedían al director de *Manhattan* el salvavidas de la duda. De la duda que mata. Ni inocente ni culpable. No estábamos allí. Qué sabe nadie. Comentarios tóxicos. Propios de gente asustadiza de las redes sociales, timorata frente a la turba y muy pendiente de escribir lo que conviene. Por ignorancia o miedo, callaron ante la natural querencia gringa por desollar brujas. Recordemos aquella histeria de los años ochenta y primeros noventa contra los trabajadores de guarderías y unos cuantos padres. Inmolados por pederastas, fusilados por satanistas, ahorcados por cerdos. Muchas de las acusaciones venían respaldadas por un vistoso reclamo, algo así como la memoria suprimida, o reprimida, o enclaustrada. Una de tantas exhibiciones poéticas del doctor *Freud* y sus siempre exuberantes discípulos. El resultado fue una tormenta de enajenación colectiva.

Un turbio fresco mediante juicios públicos, vengativo jaleo y picadillo humano.

Con todo, Allen demostró una resiliencia —yo también puedo usar la dichosa palabra, ¿no?— a prueba de bombas.

43

RAMONCÍN, DE *ROCK* Y ORO

Madrid ha concedido la medalla de Oro al rockero de Delicias, carne de barrio, corazón eléctrico, poeta junto al Manzanares al que intentaron dar por culo los del sindicato del resentimiento y alguna que otra toga estrella. A Ramoncín lo amaban por igual Loquillo y Burning, Umbral y Echanove. Le dedicaron un documental soberbio, *La vida en el filo*, Charlie Arnaiz y Alberto Ortega, que también han trabajado en la vida del propio Umbral, Luis García Montero y Labordeta. Ramoncín fue el primero de la clase, el chico listo y sensible, culto y talentoso, que pasó de los mercados de la fruta y las películas nocturnas a radiografiar el Madrid más revuelto, ganarse la amistad de Cela y escribir un tocho cheli que sigue en la mesa de los principales escritores de este país. Fue María Moliner cruzado con Lou Reed sin el pico y con más coco que los rockeros del Lower East Side y el Bowery, demasiado deslumbrados por el estilo y resplandor *yonki* como para salir vivos. Vendió toneladas de discos y escribió canciones imponentes. Pasó de rey del *underground* con la carita pintada y las señoras de visones al borde de la apoplejía a tomar fogonazos del Springsteen de *The river* e imágenes de Blake, Rimbaud y Gil de Biedma para patentar un *rock and roll* macizo, romántico y acelerado: inolvidable.

Escribo «fue», he usado el pretérito perfecto simple, me enrosco en el pasado, cuando Ramoncín está más vigente que nunca y sigue dando caña en el estudio y en directo. Sus últimos trabajos (pienso, por ejemplo, en la relectura recia y vibrante de «En los huesos», una auténtica joya, y en esa rodaja carnívora y lírica que fue «Cuando el diablo canta») muestran a un artista que se ha paseado por todos los charcos y todas las bibliotecas, recorriendo estilos, cortando épocas y pasándose por el forro el desprecio y el odio de los necios, alguien que ha escrito y ha viajado, que ha muerto y resucitado varias veces, que trae la mochila llena de fracasos, multitudes, soledad y triunfos, y que vuelca toda esa sabiduría, todo ese bagaje y todo ese oído, intacto, para el acento y las músicas de la calle, en unos surcos imprescindibles.

Leyenda del *rock* español, no para estos días. Trabaja en nuevos proyectos, discos, libros y películas, después de superar un periodo aciago.

El *rock and roll* adulto llega a España con Burning, La Banda Trapera del Río y... Ramoncín. La suya es una trayectoria desmesurada, repleta de discos, libros y, ay, alguna polémica. Hora es de hablar de su oficio y sus nuevos proyectos, aunque sea inevitable arrancar con su vía crucis jurídico, que empieza cuando en mayo de 2015 fue acusado de apropiación indebida por un juez de la Audiencia Nacional, y acaba en enero de 2016, cuando tres magistrados de la Audiencia le absuelven.

—¿Cómo se sobrevive a la calumnia siendo inocente?

—Primero hay que tenerlo claro, saber que no has cometido ningún error. A veces uno puede creer que está haciendo algo bien y no. Y cuando compruebas que no has cometido error alguno te queda la fuerza que tengas y que tus amigos y familia no fallen. He tenido la fortuna de que ha sido así. Así que sobrevives con fuerza, teniéndolo claro y sabiendo quién está de tu lado, y sin hacer caso a lo demás, que no es más que ruido, podrido, pero ruido al cabo.

—¿Alguien le ha pedido disculpas?

—Curiosamente, algún anónimo tuvo la vergüenza de disculparse. Pero ¿cómo te desclavan los clavos con los que antes te crucificaron? Y más que el final de la sentencia, que es clarísimo y dice que no hay pruebas, me asombra la manipulación que se hizo de la Justicia y cómo esas cámaras, que lo graban todo, no eligieron, por ejemplo, el momento en el que el fiscal hacía el ridículo con una pregunta de la que se rio toda la sala, demostrando, después de seis años, que no tenía ni idea de lo que hablaba. Y ese señor, que no sabe nada de esto, te puede meter en la cárcel. Yo estuve bajo la lupa de un fiscal anticorrupción de la Audiencia y de tres magistrados, y he sido absuelto. ¿Cuántos de los que me señalaron soportarían algo así y saldrían indemnes?

—¿Se ha sentido como un político de los que ahora tanto proliferan al tener que ir en su día a declarar a los juzgados?

—No sé cómo se sentirán ellos, pero como yo no hice nada me sentí como un ciudadano, en un país libre, que tenía la oportunidad de demostrar su inocencia.

En «Diario de un esnob», en 1979, en *El País*, Umbral escribe: «Y Ramoncín se va, niño solo y asténico, aterido bajo la lluvia, dentro de su cazadora y sus zapatillas de baloncesto. Pero me deja su última palabra de masoca de las calles, de poeta punk, de ácrata bello: "Seremos fácilmente destruidos como frascos de perfume"». Yo, antes de acabar en el suelo como los cachitos del tarro, con la historia rota en mil pedazos, con el corazón estrangulado, voy, cojo y me levanto del ordenador, pongo en el reproductor un disco suyo, subo el volumen a tope y, sobre los escombros y palafitos de una memoria fiel a quienes tanto me dieron, a los que tanto debo, levanto mi vaso y lo celebro. Por otros cuarenta años de *rock*, literatura y arte a borbotones.

44

YASMINE MOHAMMED
Y LA TRAICIÓN FEMINISTA

Yasmine Mohammed nació en Canadá, pero padeció una infancia marcada por el fanatismo religioso. Cuando tenía dos años su madre contrajo matrimonio en segundas nupcias con un islamista radical. Ella misma, con veinte años y una hija recién nacida, escapó de un matrimonio forzado con un terrorista de Al Qaeda. Un deriva sorprendente en una familia descendiente del primer presidente de Egipto, Mohamed Naguib, que se exilió tras su derrocamiento en 1954. Pero un día Yasmine dijo basta. Se quitó el velo, renunció a su religión, creó el blog *Confesiones de una exmusulmana* y escribió *Unveiled: How Western Liberals Empower Radical Islam*, en el que denuncia la condescendencia de la izquierda occidental con el islamismo radical. Hoy lidera la fundación Free Hearts, Free Minds, que ayuda a exmusulmanes perseguidos en sus países. Por hacer y decir estas cosas ha sido acusada de islamofobia, de cultivar el odio y de ser cómplice del enconamiento contra los inmigrantes musulmanes. Escribió un libro, *Desveladas. Cómo los liberales occidentales empoderan el islam radical*, tratado como material radioactivo por las editoriales estadounidenses. En según qué ambientes su nombre es sacrílego. Algunos, como su propia madre, la querían muerta, mientras que muchos otros, incapaces de enojarse por el sometimiento de millones de mujeres, le dicen racista.

—Cuando pensamos en la situación de la mujer musulmana, ¿reparamos en las niñas y mujeres de los países occidentales?

—Es importante recordar que las historias de abuso y misoginia que nos llegan de Afganistán, Pakistán, Somalia o India también suceden en Italia, Alemania, Francia, Canadá, Reino Unido, Suiza o Estados Unidos, básicamente porque aquí leen el mismo Corán, y esas ideas no tienen fronteras geográficas. Igual que hay asesinatos por honor en Pakistán, los hay en Italia. Necesitamos recordarlo porque, si no, la opinión pública dirá que no es asunto suyo, que son cosas muy lejanas. Mentira. También sucede en tu país y en tu ciudad, incluso en tu vecindario. Necesitamos asegurarnos de que no damos facilidades al extremismo. En ese sentido, Francia es un ejemplo de país que finalmente está respondiendo, debido a que en los últimos diez años ha muerto mucha gente inocente.

—¿Habría podido escapar de su matrimonio si hubiera vivido en un país islámico?

—No, absolutamente imposible. En aquel momento yo tenía el bachillerato y tenía una hija. Mi familia estaba tan decepcionada porque iba a deshonrarla al pedir el divorcio que no hubo posibilidad de que me apoyara. La única razón por la que lo logré fue porque vivía en un país laico y pude obtener becas de estudiante y ayuda del gobierno para empezar una nueva vida.

—¿Cuándo decide romper esa situación? ¿Su esposo estaba a favor de someter a su bebé a la mutilación genital femenina?

—El momento definitivo fue cuando mi marido habló de someter a mi hija a la mutilación genital. Quería llevarla a Egipto para «limpiarla», para «arreglarla», decía, y yo no entendía de qué hablaban. Cuando le pregunté a mi madre, me respondió que llevarían a la niña a Egipto cuando fuera algo más mayor. Por dura que fuera mi vida comprendí que la de mi hija sería incluso peor. No solo querían mutilar su cuerpo, sino que mi marido hablaba de ir a Afganistán a combatir con Al Qaeda. Necesitaba escapar. Como madre, no tenía elección.

—Un debate que vio en televisión con el presentador Bill Maher, el científico Sam Harris y el actor Ben Affleck, fue importante en su despertar político.

—Aquella noche Bill Maher y Sam Harris comentaban una encuesta hecha en Egipto, donde el 86 por ciento de los encuestados se mostraba a favor de ejecutar a la gente que abandona el islam. Una cuestión de la que rara vez se habla en televisión, y que a mí me tocaba de cerca, porque yo había renunciado al islam, y mi familia proviene de Egipto. Que aquellos dos hombres americanos, en la televisión de Estados Unidos, se preocuparan por gente como yo fue muy reconfortante e inspirador. Sentí que le importaba a alguien, que le importábamos. Sabía que había más gente como yo, pero desconocía quiénes eran. Todo el mundo callaba por miedo. De pronto, Ben Affleck empezó a llamarles racistas. Dijo que los musulmanes eran pacíficos. Sam y Bill le respondieron que ellos defendían los principios liberales, y Affleck no les escuchó. Siguió insultándoles. Fue muy descorazonador. Todavía peor, al día siguiente, en Facebook, mis amigos decían que estuvo sensacional y que qué gran tipo. Llamaron racistas a Maher y Harris. No entendían nada. Y ese fue el momento en que empecé a hablar en público y empecé a escribir mi libro. La gente no les escuchaba porque eran hombres, estadounidenses, blancos, y porque según esa mentalidad no tenían derecho a hablar de esto, y me dije, de acuerdo, tengo la piel oscura y soy mujer, voy a decir lo mismo que ellos, y entonces no les quedará más remedio que escucharme y discutir, no podrán tratarme así y silenciarme. Por supuesto, nada de eso sucedió y trataron de callarme.

—¿Qué significó para usted abandonar la religión?

—Abrió la puerta a unos sentimientos muy intensos. Algunos positivos, otros menos. Sentí mucha soledad, tristeza, confusión e incomodidad. Hasta entonces la religión lo controlaba todo, hasta los detalles más insignificantes, desde el momento que te levantas. Dónde están tus zapatos. Cómo vas al baño. Cómo te cortas las uñas. Cómo beber agua. Cuando eso desaparece, tienes que decidir por tu cuenta. No digamos ya preguntarte qué es el feminismo. O la homofobia. O el liberalismo. O qué es Dios... La religión respondía por ti. Necesitas no tanto reinventarte como inventarte. Decidir quién eres. Quién quieres ser. En qué crees. Es un largo camino de descubrimientos. Ni siquiera sabes cómo vestirte, si prefieres una camisa con botones o una con cremallera. Nunca pudiste elegir. ¿Cómo peinarte? Siempre había llevado el *hiyab*. El pelo, ¿me lo rizo?, ¿lo aliso? ¿Qué productos puedo usar? ¿Qué champú? Debes pensarlo todo desde el principio.

—Sostiene que el Corán no especifica nada sobre el velo, o *hiyab*, y que llevarlo no es tanto un mandato religioso como masculino. Lo tacha de instrumento de dominación.

—El Corán dice que las mujeres deben estar separadas de los hombres y que deben cubrirse. Pero en cuanto al hiyab, no especifica cómo. Algo curioso, dada la insistencia en decidir por ti, pero da igual. Básicamente se trata de una religión que culpabiliza a la víctima, que le dice que debe cubrirse para que no la violen. El *hiyab* es una bandera del islamismo radical.

—¿Las mujeres son libres de quitárselo? ¿Pueden elegir?

—No son libres, no. En países como Irán o Afganistán, si te lo quitas, puedes ser encarcelada o incluso asesinada por las autoridades. En el resto del mundo el control viene desde abajo. Son las familias las que fuerzan a llevarlo. Las mujeres todavía son asesinadas en lugares como el Reino Unido o Francia por quitárselo. O en mi país, en Canadá, donde una chica de dieciséis años fue asesinada por su padre y su hermano porque no quería llevarlo. En absoluto son libres.

Se las ataca con ácido. O les cortan el pelo, como hacen los vigilantes de Egipto con las mujeres que no lo llevan. Hay historias por todo el mundo, en Irak, en Afganistán... No puedes ignorarlas. No puedes fingir que es una prenda benigna o que empodera a las mujeres o es feminista. Eso es ignorar la realidad y esparcir mentiras. Es como sostener que «la guerra es paz y la esclavitud libertad»: basura. Resulta tan irritante que tenga que repetirme, repetir una, otra y otra vez, que el agua moja, el agua moja, el agua moja... Algo tan obvio. Las feministas lo saben, nunca apoyarían en los países occidentales la cultura de la pureza o de la modestia para ellas, sus madres, hermanas o hijas. Hablan de liberar el pezón, no la cara o el pelo. Cuando apoyan el *hiyab* se hacen las tontas, como si hubieran olvidado qué es el feminismo o no entendieran qué supone ser sometida, reprimida y violada.

—¿Les preocupa menos porque sucede lejos?

—No tan lejos. Pero lo ignoran porque te dicen que no puedes meterte, que es su cultura, su tradición, con lo que permiten que estas ideas sigan creciendo y alimentan el odio. Pero es asunto tuyo, nuestro, de todos. Compartimos este planeta.

—Cuando defienden el hiyab, ¿traicionan a las mujeres?

—Traicionan los valores occidentales, los de la Ilustración. Contemplar esta capitulación, ver cómo capitulan ante unos bárbaros que asesinan por unas caricaturas... Escupen en el rostro de todas las personas que alguna vez han peleado o han muerto por defender la libertad. Esa gente no merece disfrutar la libertad, no la aprecia, la socava y, al hacerlo, destruye las posibilidades de las generaciones futuras.

—La paradoja es que sean quienes se dicen progresistas los que alienten esa intolerancia.

—Cuando yo crecía era la derecha más conservadora la que trataba de censurar, la derecha cristiana. Ahora lo hace la derecha conservadora musulmana. Pero en Occidente, los izquierdistas están tan confundidos, tan enredados en sus políticas de identidad, le dan tanta importancia a cosas como el color de la piel, que no entienden que estos teóricos amigos son mucho peores que los peores fundamentalistas cristianos. En la izquierda actual, la confusión de valores resulta extravagante. Sí, puede que la Iglesia católica discrimine a los homosexuales. O se lo pone difícil a las mujeres para abortar. Lo hace, cierto. ¡Pero es que la izquierda defiende a gente que literalmente tira homosexuales por la azotea! ¡No que se lo ponga difícil para casarse, no, es que los asesina! En el mundo hay quince países que ejecutan homosexuales. Hablamos de una cultura que niega las libertades más básicas, más fundamentales.

—Es optimista respecto al futuro de las sociedades islámicas. ¿Será posible que evolucionen hacia una separación efectiva de la Iglesia y el Estado?

—No soy optimista respecto a las sociedades, pero sí sobre la gente. Gracias a internet, la gente tiene acceso a una información antes vedada, especialmente gente que puede leer en inglés, y esto está creando un tsunami de ciudadanos que no son capaces de reconciliar su búsqueda de la libertad, su deseo de disfrutar de una autonomía individual, con el islam. No puedes ser libre y feliz y al mismo tiempo seguir esta religión, que te impone tantas restricciones a la libertad individual. Más y más gente está resistiendo. En cuanto a los gobiernos, usan el islam como opio para las masas al tiempo que las mantiene lejos de la educación y asustadas. Mi esperanza es que muchas mujeres ya han aguantado demasiado. Y se están rebelando. No necesariamente reconocen que están contra la religión, hablan de pelear contra el patriarcado y la misoginia, pero por supuesto que también contra la religión. En el islam, por ejemplo, no existe el delito de violación dentro del matrimonio. El marido puede violar a su mujer cuando quiera. De modo que las mujeres que pelean para conseguir leyes que castiguen a los maridos que violan a sus esposas, o que las pegan —que es algo que está en el Corán, capítulo 4, versículo 34, el hombre puede pegar a su esposa si cree que le desobedece— están peleando de hecho contra el islam y a favor del progreso, de los derechos de las mujeres, por la igualdad y por su derecho a vestir y vivir como y con quien quieran.

—¿Cómo podemos ayudar desde Occidente?

—Tenemos que apoyar a la gente que lucha por el cambio. Todo lo contrario de lo que hacen los líderes mundiales cuando invitan a los talibán, simulando que estos terroristas han formado un gobierno legítimo. Tenemos que apoyar a las mujeres que pelean por sus derechos y que están desapareciendo, secuestradas en mitad de la noche. Tenemos que a apoyar a las miles de niñas que no pueden ir al colegio en Afganistán. Y no a ese maldito gobierno. No doy crédito. ¿En vez de situarnos con quienes luchan por la libertad y la democracia apoyamos a los partidarios de la yihad y de dominar a las mujeres? Y esto se repite una y otra vez. ¿Dónde está nuestro apoyo a la gente LGTBI en esos países? ¿A las feministas? ¡No, apoyan el pañuelo! ¡Es una locura!

—Su libro fue rechazado por muchas editoriales

—No lograba que me lo publicaran. Hasta que el (neurocientífico) Sam Harris me convenció para que lo editara yo misma. Me ayudó con todo. Poca gente está dispuesta a arriesgar su cuello para defender a alguien que no conoce personalmente, a las niñas forzadas a llevar el *niqab*, a los homosexuales y a los librepensadores de esos países, perseguidos y ejecutados. No hay palabras para describir cuánto lo admiro por su generosidad y su valentía.

A modo de coda…
Una lista inacabable

Dentro luces. Aplausos, música estridente, ovaciones. Comparece el primer invitado, Philip Roth, que no levanta cabeza desde que su exmujer lo acusó de misógino, ve cómo le niegan premios y para cuando encuentra un biógrafo que le convence, Blake Bailey, el hombre resultará cancelado, llevándose por delante una década de trabajo y un libro, *Philip Roth. La biografía*, absolutamente monumental.

Lejos de encontrarnos ante un accidente, la defenestración de Bailey y Roth estremece como una más entre mil decapitaciones. No hay callejón donde esconderse. La cuenta de bajas, de calumniados y calumniadores, se reproduce incesante.

Norman Mailer. Un cerdo y un machista. Seis mujeres, una de ellas apuñalada. Aficionado al *whisky*, derrochador y follarín. ¿La humanidad que destilan novelas como *Los desnudos y los muertos*, aquella piedad con la que describe a los triturados por la guerra? ¿La meticulosa, panorámica cata en la bestialidad punitiva por antonomasia, la pena de muerte, desplegada en *La canción del verdugo*? ¿Su oposición, regada en miles de artículos, a las maniobras espectrales del complejo militar/armamentístico, cuando los Estados Unidos de Kissinger y Cía. dedicaban recursos y tardes tontas a planificar y financiar golpes de Estado y sostenían a sátrapas, torturadores y asesinos en medio mundo con la excusa de la lucha sin cuartel contra el comunismo? Bah, chorradas. Literatura. Peor. Flatulencias de hombres blancos, heterosexuales viejos, machos aupados sobre un sistema opresivo. Qué es el arte, o la historia, comparados con la llamada a la *yihad* sentimental del neofeminismo, del antirracismo, del anticolonialismo, suma y sigue. Qué, frente a la pretensión de algunos de salvar el mundo. Qué, contra las nuevas religiones laicas.

¿Las aportaciones a la búsqueda de exoplanetas del astrónomo Geoffrey Marcy? Inservibles. Y el tipo, intocable incluso para firmar sus viejos *papers* científicos, borrados de los repositorios universitarios y las revistas postineras. ¿El músico Nick Cave? Vilipendiado por su gusto por los trajes italianos y su curiosidad por la boda de Carlos de Inglaterra: síntomas de una conciencia podrida, propia de un insensible ante las catástrofes que asolan el mundo. Ni hablar de sus exploraciones en el *blues*, propias de un apropiador cultural, que saquea el legado de los descendientes de los africanos de Senegambia como esclavos en las grandes plantaciones de Mississippi. Preguntado por la cultura de la cancelación, el rockero ha respondido que la tolerancia es decisiva para la indagación intelectual.

Un combustible esencial para equivocarse, corregirse, dudar, y «en el proceso, para encontrar ideas nuevas y más avanzadas. Sin misericordia, la sociedad se vuelve inflexible, temerosa, vengativa y sin sentido del humor». Para Cave, «cancelar es la antítesis de la misericordia». Mientras tanto, «la corrección política ha crecido hasta convertirse en la religión más infeliz del mundo. Y, si alguna vez supuso el honorable intento de reimaginar nuestra sociedad de una manera más equitativa, ahora encarna todos los peores aspectos que ofrece la religión, y ninguno de los más bellos: la certeza y la superioridad moral despojadas, incluso, de la capacidad de redención. Se ha convertido, literalmente, en una mala religión enloquecida». También advierte de cómo la cancelación asfixia la creatividad, pues «la creatividad es un acto de amor que puede chocar con nuestras creencias más fundamentales y, al hacerlo, genera nuevas formas de ver el mundo».

Si abandonamos la música y alcanzamos la pintura, descubriremos que Picasso tampoco tiene un pase. Languidece extraviado por su tóxica misoginia, mientras los lameculos del *zeitgeist* exhiben sus jactanciosas muestras de santidad y reclaman la urgente revisión del canon. Los abanderados de la cancelación confunden méritos morales y dones artísticos. Que le pregunten al cineasta Carlos Vermut, crucificado en unos premios, cancelado a raíz de un reportaje, sin una sola denuncia ante los tribunales y, casi seguro, apartado del cine para los restos. Preguntado al respecto en los Goya, el actor José Sacristán fue el único que se atrevió a llevar la contraria: «Me parece un error sacrificar el trabajo de quien ha cometido un error», dijo. «Que lo pague en lo personal, pero en lo profesional no tiene por qué sufrir las consecuencias. Me parece una estupidez, una necedad. Y si realmente eso ha ocurrido, que reciba lógicamente la reprimenda o el castigo que merezca. Pero, insisto, no debe trascender en ninguno de los casos a la obra del que comete un delito». La voz en el desierto de un cine abonado a la defensa de causas que salen gratis. Con sus profesionales siempre a favor del viento.

No hay sitio para los artistas problemáticos, devorados por la insatisfacción, el egoísmo o las dudas. La religión requiere seres monolíticos. Igual que la política. O el terrorismo. Pero el arte no es iglesia. El arte y la literatura agradecen la cabalgada de los disconformes. La gente con ganas de guerrear. Los hambrientos, cosidos a preguntas, sedientos de respuestas. Los que no comulgan con el tópico imbécil o la oración preestablecida. Un cerebro ahíto, una conciencia de uniforme, rara vez alumbraron nada excepto textos cuartelarios, ideas de palo y otras ventosidades. Como explica Fernando Savater, «la moral no es universalmente exigible en todos los campos (como el respeto a la legalidad), todo lo más resulta deseable. Quien se niega a leer a Quevedo (cuya ideología no fue mejor que la de Céline), o rechaza *El mercader de Venecia* por antisemita y *Otelo* por apología de la violencia de género es un filisteo, no un exquisito moralista». Las posibles vesanias de los autores no mejoran ni empeoran su capacidad para sortear el vacío e inventariar el dolor, para regar la página con rescoldos de caliente nostalgia, para plantar cara a la muerte. Eso y solo eso es lo que al lector debería importarle.

Suma y sigue... Les presento a Andy Dunn, cuarenta y dos años. Cofundador de la marca de ropa Bonobos. Escribió un borrador de una novela. Hombre precavido, contrató a una veinteañera para que la leyera y escribiera en los márgenes cualquier ejemplo de lenguaje incorrecto. En apenas un día Dunn tenía el manuscrito de vuelta... Con mil cien anotaciones. A la escritora Kate Clancy, objeto de un reciente proceso cancelador, no le importó que su editorial enviase el borrador de sus memorias a un grupo de «lectores sensibles», ya saben, rastreadores de palabras e ideas peligrosas, de modo que los textos sean higienizados antes de publicarse. Algunos de estos tipos son expertos en el islam, otros en negritud, género, problemas de alimentación, traumas variados, injusticias históricas, sordomudez, ceguera. La propia Clancy explica que cuando recibió el libro de vuelta aprendió que no debía referirse al paisaje como «desfigurado». Tampoco podía usar palabras como «hándicap». Debía revisar frases y hasta capítulos enteros. A los correctores les pareció fatal que escribiera que la homosexualidad ha sido históricamente un tabú en Nepal —pues la homofobia, como todos sabemos, es hija exclusiva del colonialismo—. Tampoco aprobaban que llamara terroristas a los talibanes.

La situación es tal que Peter Singer, Francesca Minerva y Jeff McMahan crearon el *Journal of Controversial Ideas*, de modo que los investigadores pudieran desarrollar sus ideas y experimentos polémicos sin miedo a represalias. A Michael Shermer le quitaron su columna del *Scientific American*. Al psicólogo Pinker querían expulsarle de la Sociedad Lingüística de América. Un grupo de estudiantes trató de sustituir en la Universidad de las Artes de Filadelfia a Camille Paglia por una persona *queer* de color. Claro que Shermer, Paglia y Pinker eran demasiado conocidos. Demasiado importantes para borrar sus obras. Lo tenían mucho peor los tipos anónimos, en numerosas ocasiones, arrojados por el balcón profesional y reputacional sin que nadie supiera más de su destino.

También han machacado cuadros, películas, libros y empresas, una práctica que no es privativa de Estados Unidos. Baste recordar ahora las banalidades que profirió el ministro Miquel Iceta a cuenta del año Picasso. Por no hablar del profesor Pablo de Lora, objeto ya de dos procesos inquisitoriales en sendas facultades. ¿Su pecado? Discutir los afanes simplificadores y plantarse ante las banalizaciones de quienes sostenían que todo abuso era agresión sexual y toda agresión, la implacable *polaroid* de un sistema ideológico de dominación. Por cada monstruo sagrado sometido a oprobio, por cada autor reconocido y posteriormente desollado, hay otros muchos, miles, de profesores, científicos, periodistas, etc., lejos de la pasarela, desconocidos para la gran mayoría, pero no por ello menos asustados. Acogotados por la posibilidad de que sobre ellos caiga el huracán de los patrulleros morales, dispuestos a practicar una cacería organizada varias veces al año (o al mes). Unos tratan de sacudirse la sospecha evitando los avisperos. Callad de vosotros cuando podáis, decía mi abuela. Otros, los más cobardes, avergonzados, piden perdón por su condición de insoportables machos, incorregibles simios, impresentables antropoides.

Y ahí seguimos. En posición de firmes. Listos para el próximo linchamiento. Dispuestos a convertir la actualidad en cuento bíblico y el derecho, avance civilizatorio, en detritus. En campo abonado para el punitivismo moral. Los enemigos de la libertad, sonrientes como buenos cruzados, quieren presentarse a sí mismos como paladines de las mejores causas. La bondad de sus sentimientos, su anhelo de justicia, se despertó metástasis.

Epílogo
PARA TANTO

Escribo al hilo de la polémica suscitada por el humorista Joaquín Reyes, que en el transcurso de un debate declaró, sin voluntad aparente de hacer reír a la audiencia, que la cultura de la cancelación era un bulo, y que las cada vez más recurrentes denuncias a este respecto carecían de fundamento. Que había que distinguir entre la crítica y la censura, y que lo que damos en llamar «cancelación» es-la-mala-prensa-de-toda-la-vida. Reyes no es el primer personaje público que ha tildado de mentirosos, sensibleros o hiperbólicos a quienes venimos denunciando cómo el temor al repudio general, que a menudo cristaliza en la pérdida del empleo y en la quiebra moral del cancelado de turno, coarta las libertades. Con todo, hemos de agradecerle que no revistiera sus estupideces de la presunción intelectualoide que supuran folletos como *Ofendiditos*, de Lucía Lijtmaer, o *La cancelación y sus enemigos*, de Gonzalo Torné, ambos incluidos en la colección Nuevos Cuadernos, cuya función sacramental es, básicamente, impugnar la existencia de la cultura de la cancelación, al tiempo que difunde las ideas que han de redundar en futuras cancelaciones. (El aliade Peio H. Riaño habría merecido un lugar de honor en el catálogo por su condición de pionero del género; desafortunadamente, fue cancelado en agosto de 2023.)

Por lo demás, y bien mirado, a Reyes le asistía algo de razón. En particular, por lo que toca a la exageración. El prestigio que confiere el estatus de víctima (de resultas, por cierto, de la misma corriente de pensamiento que alienta las cancelaciones) y aun la efímera gloria que procura saberse un forajido (máxime cuando no hay en juego nada crucial) dan lugar a no pocas sobreactuaciones. Ah, la gozosa experiencia de que te cancelen, sí, pero solo un poco. Dicho lo cual, habrá que seguir recordando al cogollito de relativistas que banalizan la cuestión de que la cancelación no es una forma legítima de crítica literaria; que el hecho de que un reseñista trate de hundir una novela no guarda equivalencia con la posibilidad de que manifestar una opinión a contrafibra del *mainstream* tenga como precio la muerte civil. O la muerte a secas: a menudo se nos olvida que la cancelación, en su acepción más concluyente (nunca mejor dicho), tuvo en ETA a sus más avezados y sanguinarios precursores, pues su actividad criminal fue decisiva para reducir al constitucionalismo en el País Vasco a la más estricta marginalidad.

Ciertamente, la cancelación en nuestros días no suele cobrarse vidas («suele», sí, preservemos la memoria de Samuel Paty, cuyo asesinato se cernió inexorablemente sobre el laicismo republicano encarnado en los húsares negros), pero los efectos no distan en exceso de los que se producen bajo la amenaza de las armas. El veto a cualquier forma de discrepancia respecto a la coacción ambientalista, so pena de que el disidente sea expulsado de la universidad, relegado en las listas de un partido, censurado en un medio de comunicación o proscrito en una librería, también tiene como fin dopar una ideología para hacer de ella una nueva etiqueta social. Hablamos, obviamente, del *wokismo*, un exacerbación de la corrección política que estabula a los individuos en identidades (mujer, negritud, LGTBI, inmigración...), ensalza el agravio como motor de la historia e impone el resarcimiento *sine die* de los damnificados de la heteronormatividad, el racismo estructural o lo que dicte la incomprensible farfolla de los doctrinarios *queer*.

En este sentido, una de las principales dificultades para entablar un debate en pie de igualdad con los teóricos *woke* radica precisamente en su jerga oscurantista, una hechicería tan impenetrable como la prosa posmoderna que Sokal y Bricmont ridiculizaron en el clásico *Imposturas intelectuales*. Tanto es así que una de las sacerdotisas del movimiento, Judith Butler, fue distinguida por la revista neozelandesa *Philosophy and Literature* con el premio a la peor escritura académica por este párrafo, arena movediza:

El peso de una explicación estructuralista en que se entiende que el capital estructura las relaciones sociales de una forma relativamente homóloga a una idea de hegemonía en que las relaciones de poder están sometidas a la repetición, la convergencia y la reformulación suscitó la cuestión de la temporalidad en el pensamiento de la estructura, y marcó un cambio desde una forma de teoría althusseriana que considera las totalidades estructurales como objetos teóricos a otra en que las indagaciones en la posibilidad contingente de la estructura abren una concepción renovada de la hegemonía como vinculada a los enclaves y las estrategias contingentes de la reformulación del poder.

Irrefutable, sí, pero no por lo que dice, sino por su arbitrariedad semántica, por lo que tiene de siembra aleatoria de palabrería. Irrefutable como son irrefutables los cuentos infantiles.

Lo que sí se le entendió a la perfección a Butler, tal es el drama de la izquierda, es su *paper* sobre el ataque terrorista de Hamás del 7 de octubre:

> Creo que es más honesto e históricamente correcto decir que el levantamiento del 7 de octubre fue un acto de resistencia armada. No es un ataque terrorista ni un ataque antisemita. Fue un ataque contra los israelíes.

Este *Matadero de reputaciones* es un inventario urgente de viejas y nuevas cancelaciones en el que Julio Valdeón, en su registro más afilado y desafiante, deja constancia de que la cancelación, en efecto, es una lacra realmente existente. En total, más de cuarenta artículos que conviene tener a mano para, frente a la eventualidad de que nos reprendan con un «no es para tanto» (lo mismo, por cierto, que los españoles políticamente átonos llegaron a decir del franquismo), leer un párrafo al azar, con el brío de quien ante sí tiene un manifiesto democrático.

JOSÉ MARÍA ALBERT DE PACO